Kauderwelsch
Band 213

Impressum

Holger Knauf
Russisch Slang – das andere Russisch
erschienen im Reise Know-How Verlag Peter Rump GmbH
Osnabrücker Str. 79, D-33649 Bielefeld
info@reise-know-how.de

4. neu bearbeitete und verbesserte Auflage 2015

Bearbeitung Elfi H. M. Gilissen
Layout Elfi H. M. Gilissen
Layout-Konzept Günter Pawlak, FaktorZwo! Bielefeld
Umschlag Christine Schönfeld (Titelfoto: Astrid Henn)
Kartographie Iain Macneish
Fotos Igor Osipov: S. 1, 42, 65, 69, 83, 95, 100, 116, 136; Heike M. Johenning: S. 8, 16, 28, 77, 105, 142; Astrid Henn: S. 20, 38, 54, 56, 58; Holger Knauf: S. 32, 88, 98; Tania Novik: S. 160.

Druck und Bindung Werbedruck GmbH Horst Schreckhase, Spangenberg

ISBN: 978-3-8317-6432-7
Printed in Germany

Dieses Buch ist erhältlich in jeder Buchhandlung Deutschlands, Österreichs, der Schweiz und der Benelux-Staaten.
Bitte informieren Sie Ihren Buchhändler über folgende Bezugsadressen:
Deutschland Prolit GmbH, Postfach 9, 35461 Fernwald (Annerod) sowie alle Barsortimente
Schweiz AVA-buch 2000, Postfach 27, CH-8910 Affoltern
Österreich Mohr Morawa Buchvertrieb GmbH, Sulzengasse 2, A-1230 Wien
Belgien & Niederlande Willems Adventure, www.willemsadventure.nl
direkt Wer im Buchhandel kein Glück hat, bekommt unsere Bücher zuzüglich Porto- und Verpackungskosten auch über unseren Internet-Shop: ***www.reise-know-how.de***

Kauderwelsch

Holger Knauf

Russisch Slang

das andere Russisch

REISE KNOW-HOW
im Internet
www.reise-know-how.de
info@reise-know-how.de

Für Smartphone-Benutzer
(QR-Code mit einer App scannen)

Weitere Infos!

Wer kein Smartphone hat, kann
sich die Aussprachebeispiele auch
auf unserer Webseite anhören:
www.reise-know-how.de/kauderwelsch/213

Kauderwelsch-Slangführer sind anders!

Warum? Sie sind bestens mit der Landessprache vertraut und verstehen trotzdem nur die Hälfte, wenn Sie mit den Menschen vor Ort so richtig ins Gespräch kommen?

Gerade wenn Sie sich in der „Szene“ bewegen oder Menschen in ihrem ganz normalen Alltag antreffen, wie auf der Straße ansprechen, mit ihnen ein Bier in der Kneipe trinken, ist deren Sprachgebrauch Meilen entfernt von der offiziell verwendeten Hochsprache in den Medien und den Bildungsinstituten.

Man bedient sich der **lockeren Umgangssprache** und vieler **modischer Slangbegriffe,** die oft nicht einmal die gesamte Bevölkerung versteht, sondern nur bestimmte Altersschichten, eingeschworene Szenemitglieder oder Randgruppen.

Die meisten Slangausdrücke haben eine kurze Lebensdauer und finden nie den Weg in das Lexikon. **Slang ist vergänglich.** Aber es bringt die nötige Würze in das sonst zu dröge daherkommende, in der Hochsprache geführte Gespräch.

Die wahre Vielfalt einer Sprache liegt in diesem lebendigen Mischmasch von Hochsprache, Umgangssprache und Slang. In diesem bunten Mix spiegeln sich **Lebensart, Lebensgefühl** und **Lebensphilosophie** der Menschen vor Ort.

Da die Umgangssprache eher gesprochen als geschrieben wird und es für deren Schreibweise keine festen Regeln gibt, werden Sie immer wieder auf unterschiedliche Schreibweisen der Slangworte stoßen, wenn Sie diese denn einmal geschrieben sehen.

Die AutorInnen werden Sie immer wieder zum Schmunzeln bringen und Ihnen gekonnt Mentalität und Lebensgefühl des jeweiligen Sprachraumes vermitteln. Es werden Wörter, Sätze und Ausdrücke des Alltags aus der Kneipe und dem Arbeitsleben, die Sprache der Szene und der Straße erklärt. Im Anhang sind diese in 1000 Stichworten geordnet, damit Sie die täglich gehörten Begriffe und Wendungen finden können, die bisher kaum in Wörterbüchern aufgeführt sind.

Inhalt

Inhalt

Anhang

КРОШКА
КАРТОШКА
ПРИЯТНОГО АППЕТИТА

Vorwort

Egal ob touristisch, geschäftlich oder zum Studium, wenn man Russland (oder auch andere Länder der ehemaligen Sowjetunion) schon einmal bereist hat, weiß man, wie gastfreundlich die Menschen dort sind. Aber ein wirklich direkter Draht kann nur entstehen, wenn man über Grundkenntnisse der russischen Sprache verfügt.

Man kann z. B. in einem Sprachkurs lernen, sich sprachlich durchzuschlagen, aber im russischsprachigen Alltag wird man dann immer wieder mit Wörtern und Ausdrücken konfrontiert, die in kaum einem Wörterbuch stehen. Die Sprache der Lehrbücher ist eben eine andere als die auf der Straße, in den Hinterhöfen, Küchen und Studentenwohnheimen. So rauschen viele, zum Teil echt witzige Details des Alltags an einem vorbei, weil man sie nicht versteht. Wenn man beginnt, seinen Wortschatz um auf der Straße gehörte Ausdrücke zu erweitern, kann man leicht ins Fettnäpfchen tappen – weil eben nicht alles stubenrein ist, was einem auf Russisch um die Ohren flattert.

Hier soll dieses Büchlein Abhilfe schaffen: Es zeigt, was so vom Stapel gelassen wird, wenn es auf Russisch zur Sache geht – sei es beim Plausch mit einer Verkäuferin auf dem Markt in Wladiwostok, auf einer Studentenparty in Sankt Petersburg, in der Banja mit dem Geschäftspartner in Moskau oder beim Schnack mit russlanddeutschen Nachbarn. Mit der Zeit lernt man, das Gespräch wohl dosiert mit Slang zu würzen – und statt ins Fettnäpfchen zu treten, vielleicht den einen oder anderen wohlmeinenden Lacher von seinem Gesprächspartner zu ernten.

Was ist russischer Slang?

Im Russischen spielt die Norm- oder Hochsprache (литературный язык litiraturnyj jisyk *Literatursprache)* eine wesentlich größere Rolle als im Deutschen. Die Ursache dafür ist wohl die zentralistisch organisierte Regierung Russlands, auch wenn es formal eine Föderation ist. Ein wichtiges Element bei der Durchsetzung der Macht bis in die letzten Winkel des Riesenreiches war und ist eine einheitliche, streng normierte Sprache. Die Politik der sprachlichen Dominanz des Russischen begann zu Zarenzeiten und wurde in der Sowjetunion fortgesetzt. Zunächst wurde in den 1920er Jahren die Autonomie der einzelnen Völker gestärkt und die Entwicklung der Nationalkulturen gefördert, aber ab den 1930er Jahren wurde das Ziel proklamiert, eine einheitliche sowjetische Nation zu schaffen. Das Bindeglied dazu sollte eine einheitliche russische Sprache sein. Dies führte zum fast völligen Aussterben der russischen Dialekte. Gleichzeitig verdrängte Russisch die Sprachen der anderen Volksgruppen innerhalb der Sowjetunion.

Außerdem war die „Norm" ein zentrales Element des Kommunismus à la Sowjetunion: alles sollte „normal" (нормально narmal'na) sein – die Arbeit, das Verhalten der Menschen, ihr Denken, ihre Wünsche, ihre Träume, und natürlich auch die Sprache. So wacht bis heute eine Kommission in Moskau über die Reinheit der Sprache. Sie entscheidet, welche Wörter und Wendungen zur Hochsprache gehören, und welche nicht. Unwürdige Ausdrücke sind deshalb auch nicht in den offiziellen Wörterbüchern zu finden. Nur wenige umgangssprachliche Begriffe, die die Kommission als „Volkssprache" (просторечие praßtar'etsch'iji) eingestuft hat, findet man mit dem entsprechenden Vermerk in Wörterbüchern.

Anders verhält es sich mit dem, was als Slang (сленг ßl'enk) oder Jargon (жаргон shargon) eingestuft wird: Diese innerhalb von bestimmten sozialen Gruppen (z. B. unter Jugendlichen) verwendeten Wörter und Begriffe findet man höchst selten in Wörterbüchern der „Literatursprache". Erst recht nicht findet man dort vulgäre, obszöne Lexik und sehr grobe Schimpfwörter wie die so genannten „Mutterflüche" (мат mat). So etwas heißt manchmal „nichtnormative Lexik" (ненормативная лексика n'enarmatiwnaja l'ekßika).

Kauderwelsch-Tonträger

*Falls Sie sich die wichtigsten russischen Sätze und Wörter, die in diesem Buch vorkommen, einmal von einem Einheimischen gesprochen anhören möchten, steht Ihnen das **begleitende Tonmaterial** zu diesem Buch als **MP-3 Download** in unserem Internetshop **www.reise-know-how.de.** zur Verfügung.*
*Das Tonmaterial ist auch auf **Audio-CD** erhältlich, zuzüglich Porto- und Verpackungskosten über unseren Internetshop oder in Ihrer Buchhandlung.*

Hinweise zu diesem Buch

Vulgäre Wörter oder Wendungen sind in diesem Buch vorsorglich mit dem Zeichen •, sehr vulgäre Wörter oder Wendungen mit zwei •• gekennzeichnet.

In diesem Buch werden die gebräuchlichsten Ausdrücke aus folgenden Sprachebenen vorgestellt: allgemein umgangssprachliche Wörter, Slang verschiedener sozialer Gruppen und auch sehr vulgäre Begriffe. Letztere (gekennzeichnet mit •) werden nur vorgestellt, um ein besseres Hörverständnis zu ermöglichen. Man sollte diese Begriffe auf keinen Fall selbst verwenden!

Alle erklärungsbedürftigen Begriffe sind in kursiver Schrift wörtlich übersetzt. Dies mag manchmal etwas eigenartig anmuten, ist aber notwendig, um den Hintergrund oder die Struktur des Satzes zu erhellen.

Hören Sie sich Ausprachebeispiele mit Ihrem Smartphone an! Ausgewählte Kapitel im Konversationsteil sind dafür mit einem QR-Code ausgestattet. Wer kein Smartphone hat, kann sich die Sätze auch auf unserer Webseite anhören: www.reise-know-how.de/kauderwelsch/213

Сматываем удочки!
ßmatywajim udatsch'ki
wir ziehen die Angeln ein
Wir verdünnisieren uns!

In diesem Buch werden Beispiele mit Verben in der Vergangenheit nicht nur in der männlichen Form angegeben, sondern an vielen Stellen auch in der weiblichen Form. Natürlich können sich diese Verben sowohl auf Frauen als auch auf Männer beziehen.

он рехнулся	она сдурела
on richnulß'a	ana sdur'ela
er ist verrückt geworden	sie ist blöd geworden

Wie spricht man's aus?

Alle Wörter in diesem Buch werden sowohl in kyrillischer Schrift als auch in einer (leicht vereinfachten) Lautschrift wiedergegeben, damit man gleich mit dem Sprechen loslegen kann, auch wenn man die kyrillische Schrift noch nicht so gut beherrscht.

Kleine Ausnahme: Bei sehr langen Sätzen wird die Lautschrift aus ästhetischen Gründen weggelassen.

Lautschrift

А/а	a	wie in „**A**rm“ пока paka *tschüss*
Б/б	b	wie in „**B**aum“ бабки bapki *Kohle / Geld*
В/в	w	1) wie in „**W**asser“ возбухать wasbu~~ch~~at' *sich aufregen*
	f	2) vor stimmlosen Mitlauten und am Wortende wie in „**f**iel“ вкалывать fkalywat' *schuften*
Г/г	g	wie in „**g**ehen“ галимо galima *grottenschlecht*
Д/д	d	wie in „**d**umm“ дурак(M) durak *Dummkopf*
Е/е	je ('e)	1) in betonter Stellung wie in „**je**tzt“ привет priw'et *hallo*
	i	2) in unbetonter Stellung ist es ein Laut zwischen „e“ und „i“, annähernd wie in „allmäh**li**ch“ чудненько tsch'udnin'ka *wunderbar*

In dieser Lauttabelle werden jeweils die Groß- und Kleinbuchstaben des Kyrillischen gezeigt.

Alle stimmhaften Mitlaute werden am Wortende stimmlos, genau wie im Deutschen.

In der Lautschrift werden е / ё / ю / я *am Wort- bzw. Silbenanfang mit vorangehendem* j *geschrieben, ansonsten wie das sog. „Weichheitszeichen“ mit dem Apostroph '.*

Der betonte Vokal eines Wortes wird in der Lautschrift durch Unterstreichung deutlich gemacht.

Kleines Detail: Vor jedem i *wird der vorausgehende Mitlaut „weich" gesprochen. In unserer Lautschrift wird das aber nicht gekennzeichnet, da sonst die Apostrophe überhand nehmen würden.*

	ji	3) in unbetonter Stellung am Wortanfang ein Laut zwischen „je" und „ji" wie in „**y**ippee" ерунда jirunda *Quatsch*
Ё/ё	jo ('o)	wie in „**Jo**nas" (ist immer betont!) ёлки-палки jolki-palki *holla*
Ж/ж	sh	stimmhaftes „sch" wie in „**J**ournal" жопа shopa *Arsch*
З/з	s	stimmhaftes „s" wie in „Ro**s**e" заморочка samarotsch'ka *Problem*
И/и	i	wie in „**i**st" фигня fign'a *Ding / Mist*
Й/й	j	wie im englischen „bo**y**" кайф kajf *Kick / Rausch*
К/к	k	wie in „**k**lasse" клёво kl'owa *cool*
Л/л	l	1) vor е / ё / и / ю / я / ь „weich" ausgesprochen wie in „**L**icht" липовый lipawyj *gefälscht* 2) am Wortende und vor а / э / у / о / ы hart ausgesprochen, ähnlich wie im englischen „hi**ll**" лох loch *Idiot / Penner*
М/м	m	wie in „**M**inze" мент m'ent *Bulle / Polizist*
Н/н	n	wie in „**N**ase" наворочено nawarotsch'ina *abgefahren*
О/о	o a	1) betont: wie in „**O**tto" очко atsch'ko *Lokus* 2) unbetont: wie in „**a**bsolut" офигенно afig'enna *geil*
П/п	p	wie in „**P**apa" падла padla *gemeine Sau*

Р/р	r	gerolltes Zungenspitzen-r wie im Spanischen рыло ryla *Schnauze*
С/с	ß	stimmloses „s" wie in „Fü**ß**e" сваливать ßwaliwat' *verduften*
Т/т	t	wie in „**T**asche" тачка tatsch'ka *Karre / Auto*
У/у	u	wie in „M**u**sik" музон muson *Mucke / Musik*
Ф/ф	f	wie in „**F**erien" фигово figowa *beschissen / schlecht*
Х/х	~~ch~~	1) raues „ch" wie in „Ba**ch**" халява ~~ch~~al'awa *etwas für lau*
	ch	2) vor е / ё / и weiches „ch" wie in „i**ch**" хиппарь chipar' *Hippie*
Ц/ц	z	wie in „Mü**tz**e" пацан pazan *junger Typ*
Ч/ч	tsch'	„weiche" Aussprache zwischen „tsch" in „Ra**tsch**e" und „tch" in „An**tj**e" чёкнутый tsch'oknutyj *Verrückter*
Ш/ш	sch	wie in „**Sch**midt" шмотки schmotki *Klamotten*
Щ/щ	schsch'	lang und weich, zwischen „sch" und „ch" нищий nischsch'ij *Bettler*
ъ	–	Härtezeichen, siehe unten
ы	y	dunkler als das „i" in „T**i**sch" сраный ßranyj *beschissen*
ь	*	Weichheitszeichen, siehe unten
Э/э	ä	wie in „**Ä**pfel", keine Erweichung эсэмэска äßämäßka *SMS-chen*

Oft werden mehrere Wörter zusammengezogen wie ein einziges Wort ausgesprochen. Dies erkennt man in der Lautschrift an einem Bindestrich zwischen den Wörtern: по фиг po-fik *„scheißegal".*

Nach ш sch / ж sh / ц z *wird auch* и *als* y *ausgesprochen, ebenso das unbetonte* e.

Ю/ю	ju	wie in „**Ju**lia“
	('u)	втюриться ft'uritßa *sich verknallen*
Я/я	ja	wie in „**ja**“
	('a)	ящик jaschsch'ik *Glotze / Fernsehen)*

hart oder weich?

Die Mitlaute (Konsonanten) werden vor e / ë / и / ю / я sowie vor ь „weich“ ausgesprochen, so als folgte ihnen ein kurzes „j“ wie in „An**tj**e“. Vor a / o / y / ы / э sowie vor ъ werden sie hingegen immer „hart“ ausgesprochen, d. h. einfach ohne ein solches nachfolgendes „j“.

Das Weichheitszeichen ь verwendet man in der Schrift, wenn ein Mitlaut am Wort- bzw. Silbenende „weich“ ausgesprochen wird (also kein Selbstlaut darauf folgt). Es kommt also auf die Position eines „weichen“ Mitlauts im Wort an, ob er mit einem bestimmten Selbstlaut oder aber mit dem Weichheitszeichen angedeutet wird; an seiner Aussprache selbst ändert sich dadurch nichts. In der Lautschrift steht in beiden Fällen der Apostroph ' (außer bei i, weil es immer erweichend wirkt).

Steht einer der „erweichenden“ Selbstlaute (außer и) am Wort- bzw. Silbenanfang, wird ihm ein j- vorgeschlagen, das in unserer Lautschrift dementsprechend auch auftaucht.

Das (selten vorkommende) Härtezeichen ъ bewirkt hingegen die „harte“ Aussprache eines Mitlautes, obwohl ihm einer der genannten erweichenden Selbstlaute folgt und man somit gegen die allgemeine Ausspracheregel verstoßen muss. Es hat keine lautliche Entsprechung und ist daher für unsere Lautschrift nicht relevant.

Die Sprache, ihre Dialekte und Akzente

Die genaue Anzahl der Russischsprechenden ist nur schwer anzugeben. Von den knapp 150 Mio. Einwohnern Russlands sind rund 125 Mio. ethnische Russinnen und Russen – allerdings sprechen auch die 25 Mio. Angehörige anderer Nationalitäten neben ihrer Muttersprache ebenfalls Russisch. In den 14 anderen ehemaligen Sowjetrepubliken leben weitere 25 Mio. Russen. Die Anzahl der Russischsprechenden dort ist aber weitaus höher. In vielen dieser ehemaligen Sowjetrepubliken besteht eine Situation der Zweisprachigkeit, die statistisch schwer zu erfassen ist. Und wenn man mit offenen Ohren durch Deutschland streift, kann man feststellen, dass man gar nicht weit zu reisen braucht, um russischsprachige Menschen zu treffen.

russische Dialekte

Die Dialekte im Russischen sind fast ausgestorben – aber eben auch nur fast. Ganz grob kann man die Mundarten in drei Gruppen einteilen: die nord-, mittel- und südrussischen Dialekte (siehe unten auf der Karte). Die Einteilung Norden-Mitte-Süden bezieht sich dabei auf das alte russische Kernland, ohne die Gebiete in Asien, die erst im Laufe der letzten Jahrhunderte von Russland einverleibt wurden.

Selbst Sankt Petersburg zählt aufgrund seiner späten Gründung (1703) dialektal nicht zu Nordrussland.

FINNLAND
Sankt-Petersburg
Санкт-Петербург
Norddialekte
Wologda
Вологда
EST-
LAND
Welikij
Nowgorod
Великий Новгород
Yaroslawl
Ярославль
LETT-
LAND
Zentraldialekte
Moskau
Москва
Wladimir
Владимир
Nishnij
Nowgorod
Нижний
Новгород
Smolensk
Смоленск
WEISS-
Minsk
Мінск
Mahiljou/Mogilew
Магілёў
RUSSLAND
Tula
Тула
Rjazan
Рязань
Süddialekte
Orel
Орёл
Tambow
Тамбов
52°
Woronesh
Воронеж
Belgorod
Белгород
Kiew
Київ
Rossosch
Россошь
UKRAINE
Charkiw
Харків
200 km
30°
36°
42°

mittelrussische Dialekte

Kennzeichnend für mittelrussische Dialekte ist das Aussprachephänomen „Akanje“ (аканье akan'ji). Es bedeutet, dass man das unbetonte o wie ein etwas undeutliches a ausspricht:

Aus den mittelrussischen Dialekten wurde die Normsprache entwickelt.

молоко	вода	пиво	хорошо
malako	wada	piwa	~~ch~~arascho
Milch	Wasser	Bier	gut

Auch die Aussprache der unbetonten Laute e und я als i bzw. ji / 'i ist typisch für die mittelrussischen Mundarten.

nordrussische Dialekte

Das Wesentliche der nördlichen Dialekte ist das sogenannte „Okanje“ (оканье okan'ji). Es bedeutet, dass der Laut o tatsächlich als o gesprochen wird, auch in unbetonten Silben.

молоко	вода	пиво	хорошо
moloko	woda	piwo	~~ch~~oroscho
Milch	Wasser	Bier	gut

südrussische Dialekte

Die südrussischen Dialekte gehen allmählich über ins Ukrainische und ins Weißrussische über. Der auffallendste Unterschied in der Aussprache ist hier, dass ein г nicht als g, sondern ähnlich wie das deutsche „h“ gesprochen wird – vielleicht etwas rauer, weil es stimmhaft ist. Einer der bekanntesten Sprecher eines südrussischen Dialektes ist der ehemalige sowjetische Staatschef Michail Gorbatschow.

	Горбачёв	гласность	говорить
normgerecht:	garbatsch'of	glasnaßt'	gawarit'
südrussisch:	harbatsch'of	hlasnaßt'	hawarit'
	Gorbatschow	Glasnost	sprechen

Weiterhin gibt es noch regionale Unterschiede in der Betonung, wie z. B. in dem bekannten Ausspruch von Gorbatschow:

Надо начать перестройку!
normgerecht: nada natsch'at' pirißtrojku
südrussisch: nada natsch'at' pirißtrojku
Wir müssen mit dem gesellschaftlichen Umbau, der Perestrojka anfangen!

in den ehemaligen Sowjetrepubliken

In der Sowjetunion zählte man einst über 100 Ethnien, die alle Russisch lernen mussten. Dabei war ihre Aussprache nicht immer akzentfrei.

georgischer Akzent

Für den georgischen Akzent ist z. B. das hart gesprochene е kennzeichnend:

девушка	дети	скажите	
d'ewuschka	d'eti	ßkashyti	*normgerecht*
däwuschka	däti	ßkashytä	*georgisch*
Mädchen	Kinder	Sagen Sie!	

Dieser Ausspracheunterschied ist auch der wichtigste Bestandteil der vielen Georgier-Witze, in denen sich Russen darüber lustig machen, dass die Georgier nicht so richtig Russisch sprechen können ...

ukrainischer Akzent

Die sowjetische Sprachpolitik hat dazu geführt, dass in der Ukraine viele Menschen einen Mischmasch aus Ukrainisch und Russisch sprechen. Dieser Sprachenmix ist nicht besonders hoch angesehen. In der Ukraine wird der Mix daher auch abwertend „Mehlmischung“ (суржик ßurshyk) genannt. Im Surshyk wird ähnlich wie in den südrussischen Dialek-

Ukrainisch und Weißrussisch gehören wie Russisch zur Gruppe der ostslawischen Sprachen.

ten das г wie h ausgesprochen. Die im Russischen weichen Zischlaute werden oft hart gesprochen: ч (tsch') hart wie in „Ratsche" (tsch), und щ statt schsch' richtiggehend als schtsch. Auch den unbetonten Laut о spricht man tatsächlich als o aus. Das russische что schto *(was?)* wird що schtscho oder auch scho ausgespro-chen.

Der Unterschied zwischen Russisch, Ukrainisch und Weißrussisch ist vielleicht etwas geringer als der zwischen Niederländisch und Deutsch.

Darüber hinaus werden viele grammatikalische Strukturen aus dem Ukrainischen übernommen. Den Satz „Ich habe große Sehnsucht nach dir!" z. B. würde man in ukrainischem Russisch folgendermaßen ausdrücken:

Я очень скучаю за тобою!
ja otschän' ßkutschaju sa-toboju
„ich sehr sehne hinter dir"

In korrektem Russisch hieße der Satz:

Я очень скучаю по тебе!
ja otsch'in' ßkutsch'aju pa-tib'e
„ich sehr sehne über dir"

weißrussischer Akzent

Ob der russische oder der ukrainische bzw. weißrussische Anteil überwiegt, ist von Sprecherin zu Sprecher verschieden.

Einen ähnlichen Sprachenmix wie in der Ukraine gibt es auch in Weißrussland. Hier nennt man es „geschütteltes Viehfutter" (трасянка traß'anka). Auch in der Trasjanka spricht man г wie h aus, ч / щ hart als tsch / schtsch, und auch р (r) immer hart. Ein weiches т wird z gesprochen; ein в zwischen zwei Wörtern oder am Silbenende wird nicht als f ausgesprochen, sondern als kurzes u; ein unbetontes o wird wie in der russischen Hochsprache immer zu einem a, zusätzlich werden aber auch die Laute e und э häufig zu ja bzw. a.

Der Satz „Я говорю тебе: надо ещё идти в магазин!" („Ich sage dir: Man muss noch in den Laden gehen!") kann sich so anhören:

Weißrussisches Russisch:
ja hawaru zib'e: nada jaschtscho izi u-mahasin
Korrektes Russisch:
ja gawar'u tib'e: nada jischsch'o iti f-magasin

Auch in der Trasjanka werden grammatische Strukturen aus beiden Sprachen gemixt. Den Satz „Macht euch nicht über mich lustig!" würde man in weißrussischem Russisch folgendermaßen ausdrücken:

Не надо с меня смеяться!
n'a nada ß-min'a ßm'ajatßa
„nicht nötig von mir lachen"

In korrektem Russisch hieße der Satz:

Не надо мной смеяться!
ni nada-mnoj ßmijatßa
„nicht nötig mir zu lachen"

(Im ukrainischen Surshyk sieht dieser Satz übrigens grammatikalisch ganz ähnlich aus.)

Vergleich: Norm- und Umgangssprache

Auf der Grundlage der mittelrussischen Dialekte, wozu auch der Moskaus gehört, entwickelte sich die „Literatursprache". Man könnte somit vermuten, dass in der Hauptstadt das korrekteste, reinste Russisch gesprochen wird. Dem ist aber nicht so.

Cool & hip

In Moskau zieht man die unbetonten, d. h. reduzierten und kurzen Laute etwas in die Länge. Im ganzen Land ahmen Leute, die cool sein wollen, diese Aussprache nach. Dabei übertreiben sie aber kräftig, besonders bei den a-Lauten, und sprechen dabei alles etwas durch die Nase. Der Satz „Послушайте, пацаны, это круто!" (Hört zu, Jungs, das ist cool!) würde von hippen Leuten etwa so gesagt: paaßluschaati, paazaany, ätaa krutaa. In korrektem Russisch würde der Satz hingegen so klingen: paßluschajti, pazany, äta kruta.

Verkürzungen

Ansonsten sind die Ausspracheunterschiede zwischen der Umgangssprache und der Normsprache nicht allzu groß. Im Allgemeinen ist die Aussprache einfach lockerer und lässiger. So werden z. B. Endungen oder ganze Wortteile verschluckt oder zusammengezogen. Da man diese verkürzten Wörter manchmal auch geschrieben findet (z. B. in den populären Heftchen mit den neuesten Witzen), werden in diesem Buch auch die unterschiedlichen kyrillischen Schreibweisen angegeben.

Normsprache	Umgangssprache	
Здравствуйте! sdraßtwujti	Здрасьте! / Драсьте! sdraß'ti / draß'ti	*Guten Tag! / Tach!*
До свидания! da-ßwidanija	Сидания! ßidanija	*(Auf) Wiedersehen!*
Чего? tsch'iwo	Чё? tsch'o	*Wie / Was?*
Сколько? ßkol'ka	Скока? ßkoka	*Wie viel?*
вообще wa-abschsch'e	ваще waschsch'e	*überhaupt*
меня min'a	мя m'a	*mich*
тебя tib'a	тя t'a	*dich*
тебе tib'e	те t'e	*dir*
сейчас ßitsch'aß	щас schsch'aß	*jetzt sofort*

Что это будет, ваще?
schto äta budit, waschsch'e
Und überhaupt, was wird das Ganze?

Я тя не слышу!
ja t'a ni ßlyschu
Ich kann dich nicht verstehen! *(am Telefon)*

Vergleich: Norm- und Umgangssprache

	Normsprache	Umgangssprache
Gleich setzt es was!	Сейчас я тебе дам!	Щас те дам!
	ßitsch'aß ja tib'e dam	schsch'aß t'e dam
	gleich ich dir gebe	*gleich dir gebe*
Was willst du?	Что тебе надо?	Чё те надо?
	schto tib'e nada	tsch'o t'e nada
	was dir nötig	*wessen dir nötig*

lautliche Veränderungen

Manche Wörter werden in der Umgangssprache anders betont, haben andere Mehrzahlformen, manchmal ändern sich Selbstlaute.

	Normsprache	Umgangssprache
du bezahlst	платишь	плотишь
	platisch	plotisch
er/sie bezahlt	платит	плотит
	platit	plotit
wir bezahlen	платим	плотим
	platim	plotim
sie verstand	она поняла	
	ana panila	ana ponila
sie nahm	она взяла	
	ana wsila	ana ws'ala
du rufst an	звонишь	
	swanisch	swonisch
er/sie ruft an	звонит	
	swanit	swonit
wir rufen an	звоним ...	
	swanim ...	swonim
Kilometer	километр	
	kilam'etr	kilomitr

grammatikalische Unterschiede

Abgesehen von den verschiedenen Betonungen in der Norm- und Umgangssprache unterscheiden sich außerdem manche Verbformen. Laut Grammatik hat das vollendete Verb положить (palashyt' *(hin-)legen)* die unvollendete Entsprechung класть (klaßt'). Von Verkäuferinnen bekommt man aber regelmäßig Folgendes zu hören:

Скока штук вам ложить?
ßkoka schtuk wam lashyt'
Wie viel Stück soll ich Ihnen geben?

Wer den folgenden, korrekten russischen Satz tatsächlich einmal irgendwo hört, soll sich bei mir melden:

Сколько штук вам класть?
ßkol'ka schtuk wam klaßt'
Wie viel Stück soll ich Ihnen geben?

weibliche Berufsbezeichnungen

Viele weibliche Berufsbezeichnungen sind ganz klar Slangwörter. In der offiziellen Sprache gibt es nur für wenig qualifizierte Berufe weibliche Ausdrücke:

Für anspruchsvolle Berufe werden nur die männlichen Berufsbezeichnungen gebraucht.

уборщица	uborschsch'iza	Putzfrau
продавщица	pradafschsch'iza	Verkäuferin
официантка	afizyantka	Kellnerin

Achtung: Eine Hochschullehrerin ist auf Russisch sicherheitshalber ein преподаватель pripadawatil' *(Hochschullehrer)!*

Zwar ist es noch normal, eine Schullehrerin учительница (utsch'itil'niza *Lehrerin*) zu nennen, aber ich kenne einige Hochschullehrerinnen, die beleidigt wären, wenn man sie преподавательница (pripadawatil'niza *Hochschullehrerin*) nennen würde. Diese Form hat etwas Abwertendes und ist zu umgangssprachlich.

Richtig Slang wird es bei weiblichen Berufsbezeichnungen, die auf -ша (-scha) / -иха (-ieħa) enden. Die folgenden Bezeichnungen sollte man nicht in Hörweite der bezeichneten Personen verwenden, denn diese sind allesamt abfällig gemeint:

врачиха	wratsch'ieħa	Quacksalberin
секретарша	ßikritarscha	Tippse
бухгалтерша	bueħaltirscha	Buchhalterin
докторша	doktarscha	Doktorin
директорша	dir'ektarscha	Direktorin
комендантша	kamindantscha	Wohnheim-leiterin
коменда	kam'enda	Wohnheim-leiterin

Verkleinerungen & Kurzformen

Die Russen sind berühmt für ihre Verkleinerungen und Verniedlichungen. Sie kommen zwar nicht nur in der Umgangssprache vor, aber dort ganz besonders.

Wenn ein Wort „verkleinert“ wird, heißt das nur selten, dass der beschriebene Gegenstand auch tatsächlich klein ist. Wenn z. B. eine Oma, die Äpfel verkauft, diesedann яблочки (jablatsch'ki *Äpfelchen)* nennt, dann meint sie damit eher nicht, dass die Äpfel klein sind, sondern will vielleicht eine vertrauliche Atmosphäre zum Kunden herstellen. Die Verkleinerung drückt einfach ein gewisses vertrautes, gutherziges Verhältnis zu den Dingen aus. Ins Deutsche kann man diese Verkleinerungsformen mit Endungen wie „-chen“ oder „-lein“ leider nur sehr ungenau übersetzen.

Wort	Verniedlichungsform	
дом dom	домик domik	*Haus*
город gorat	городок garadok	*Stadt*
деревня dir'ewn'a	деревушка diriwuschka	*Dorf*
ресторан rißtaran	ресторанчик ristarantsch'ik	*Restaurant*
книга kniga	книжка knischka	*Buch*
чай tsch'aj	чаёк tsch'ijok	*Tee*
пиво piwa	пивко pifko	*Bier*
вино wino	винцо winzo	*Wein*
кафе kaf'e	кафешка kaf'eschka	*Café*
деньги d'en'gi	денежки d'enischki	*Geld*
водка wotka	водочка wodatsch'ka	*Wodka*

Vergleich: Norm- und Umgangssprache

In der Jugendsprache gibt es eine ganze Reihe spezieller Kurzformen:

Universität	университет uniwirßit'et	универ uniw'er
Fakultät	факультет fakul't'et	фак fak
Wohnheim	общежитие apschsch'ishytiji	общага apschsch'aga
Mensa	столовая ßtalowaja	столовка ßtalofka
Fahrrad	велосипед wilaßip'et	велек w'elik
Fernseher	телевизор tiliwisar	телек t'elik
Computer	компьютер kamp'utar	комп komp
Stress	напряжение naprishäniji	напряг napr'ak
Mensch / Typ	человек tsch'ilaw'ek	чел tsch'el

Verniedlichungsformen von Namen

Es gibt eine Menge Kurz- und Koseformen, die für die Namen sowohl von Kindern als auch von Erwachsenen verwendet werden. Die Vielfalt macht es zuweilen schwer, den Überblick über das „Who is Who" zu behalten. Neben den „zärtlichen" Formen gibt es zu einigen Namen auch noch coole (крутые krutyji) Varianten.

Alexandra	normal:	Александра alikßandra
	zärtlich:	Саша ßascha, Саня ßan'a, Шура schura, Шурочка schuratsch'ka
Alexander	normal:	Александр alikßandr
	zärtlich:	Саша ßascha, Саня ßan'a, Шура schura, Шурик schurik
	cool:	Санюха ßan'ucha

normal:	Анастасия anaßtaßija	*Anastasia*
zärtlich:	Настя naßt'a, Настенька naßtin'ka	
normal:	Андрей andr'ej	*André*
zärtlich:	Андрюша andr'uscha, Андрюшка andr'uschka	
cool:	Андрюха andr'ucha	
normal:	Юрий jurij	*Juri*
zärtlich:	Юра jura	
cool:	Юрбан jurban	
normal:	Ольга ol'ga	*Olga*
zärtlich:	Оля ol'a, Олька ol'ka, Олечка olitsch'ka	
normal:	Сергей ßirg'ej	*Sergej*
zärtlich:	Серёжа ßir'osha	
cool:	Серый ß'eryj, Серёга ßir'oga	
normal:	Татьяна tat'jana	*Tatjana*
zärtlich:	Таня tan'a, Татьянка tat'janka, Танечка tanitsch'ka, Танюша tan'uscha	
cool:	Танюха tan'ucha	
normal:	Валентина walintina	*Valentina*
zärtlich:	Валя wal'a, Валечка walitsch'ka	
cool:	Валюха wal'ucha	

Wenn nach einer Person gerufen wird, fällt in der Umgangssprache manchmal das -a am Ende des Namens in der Koseform weg:

Саш! Иди-ка сюда!
ßasch idi-ka ß'uda
Sascha! Komm mal her!

Vergleich: Norm- und Umgangssprache

Es werden auch von einigen Vatersnamen Kurzformen gebildet:

normal:	Иванович iwanawitsch'
kurz:	Иваныч iwanytsch'
normal:	Васильевич waßil'jiwitsch'
kurz:	Васильич waßil'jitsch'
normal:	Григорьевич grigor'jiwitsch'
kurz:	Григорыч grigorytsch'
normal:	Александр Александрович alikßandr alikßandrawitsch'
kurz:	Сан Саныч ßan ßanytsch'

Natürlich haben viele Menschen in Russland – ganz ähnlich wie in Deutschland – auch noch einen Spitznamen (кличка klitsch'ka) oder gar einen coolen Spitznamen (кликуха kli-kucha). Dies macht das Verwirrspiel mit den Namen nicht unbedingt leichter.

Hallo & Tschüss

Bei einem Besuch in Russland fällt auf: Jungs und Männer schütteln einander bei der Begrüßung und beim Abschied immer die Hand, Frauen untereinander tun dies nicht, Männer und Frauen untereinander ebenfalls nicht. Gute Freundinnen geben sich hingegen einen „Schmatzer auf die Wangen“ (чмоки в щёки tsch'moki f-schsch'oki); genauso machen es Männer bei guten Freundinnen.

Besonders in Weißrussland heißt solch ein Schmatzer auf die Wangen auch бусъка bußka.

Begrüßen

Zur Begrüßung per Sie gibt es zwei Varianten, wobei das „Guten Tag“ seltener gebraucht wird:

Здравствуйте!
sdraßtwujti
Gesund mögen Sie leben!

Добрый день!
dobryj d'en'
Guten Tag!

Ist man per Du, begrüßt man sich mit:

Привет!	Приветик!	Здорово!	Здоров!
priw'et	priw'etik	sdarowa	sdarof
Gruß	*Grüßchen*	*gesund*	*gesund*

Mit einem Smartphone können Sie sich die Wörter, Sätze und Redewendungen dieses Kapitels anhören. Scannen Sie einfach den QR-Code mit Hilfe einer kostenlosen App (z. B. „Barcoo“ oder „Scanlife“).

Unbekannte Frauen oder Mädchen kann man ganz nüchtern und korrekt mit Девушка! (d'ewuschka *Fräulein*) anreden. Es wird als Kompliment gesehen, auch wenn die Frau, die so angeredet wird, offensichtlich kein Fräulein mehr ist. Ist diese Bezeichnung unpassend, sagt man Женщина! (shänschsch'ina *Frau*). Zu jungen Männern sagt man Молодой человек! (maladoj tsch'ilaw'ek *junger Mensch*), zu älteren Мужчина! (muschsch'ina *Mann*).

Sowohl Kinder als auch seine Kumpels redet man mit Ребята! (rib'ata *Kinder*) an. Zu jungen Mädchen sagt man ganz locker девчёнки (diftsch'onki *Mädels*). Coole Jugendliche nennen einander пацаны (pazany *Jungs*) oder noch cooler чуваки (tsch'uwaki *Typen*).

Ребята! *kann man im Deutschen am ehesten mit „Hej, Leute!" übersetzen.*

Bei einer ordentlichen Begrüßung geht es weiter mit der Frage nach dem Befinden:

Как дела?	Как делишки?
kak dila	kak dilischki
Wie stehen die Dinge?	*Wie stehen die Dingchen?*
Wie geht's?	*(verniedlichte Form)*

Die Standardantwort ist Нормально! (narmal'na *normal*), was so viel bedeutet wie „Es geht ganz gut." Geht es einem besser als „normal" (z. B. wenn man frisch verliebt ist):

Просто супер!	Отлично!
proßta ßupir	atlitsch'na
Einfach super!	Ausgezeichnet!
Чудесно!	Чудненько!
tschu'd'eßna	tsch'udnin'ka
wunderbar	*wunderbarchen*
Wunderbar!	Wunder-wunderbar!

Dass es einem schlechter geht als „normal“, sagt man nur zu sehr guten Bekannten:

Так себе.	Тяжко.	Фигово.
tak ßib'e	t'aschka	figowa
so sich	*beschwerlich*	*feigig*
Es geht.	Ich hab's schwer.	Mistig.
Хреново!	Хуёво!	Галимо.
~~ch~~rinowa	~~ch~~ujowa	galima
schwanzig	*schwanzig*	*grottenschlecht*
Beschissen!	Voll beschissen!	Dreckig.

Eine weitere, ganz lockere und kecke Antwort auf die Frage „Wie geht's?“ wäre:

Ещё не родила!
jischsch'o ni radila
(Sie hat) noch nicht geboren!

Natürlich ist das reines Geplänkel, vielleicht vergleichbar mit Kommentaren wie „Schlechten Leuten geht es immer gut“ oder „Unkraut vergeht nicht.“

Verabschieden

So schön es ist, zu Besuch zu sein, irgendwann kommt der Moment, wo man sich nach den eigenen vier Wänden sehnt und sich auf den Weg machen will oder muss. So lautet denn auch eine beliebte Redensart:

В гостях хорошо, а дома лучше.
w-gaßt'a~~ch~~ ~~ch~~arascho, a doma luttschy
Zu Gast sein ist schön,
aber zu Hause ist es schöner.

Dass Sprichwörter auch in Russland nicht mehr bierernst genommen werden, zeigt die folgende Parodie auf die Redensart:

В гостях хорошо – а дома хуже!
w-gaßt'a~~ch~~ ~~ch~~arascho – a doma chushy
Zu Gast sein ist schön –
aber zu Hause ist es schlechter!

Wie auch immer, wenn einen die Sehnsucht nach dem eigenen (Hotel-)Zimmer plagt, kann man das mit den folgenden Wendungen ausdrücken:

Мне пора!
mn'e para
Mir Zeit!
Für mich ist es Zeit!

Отчаливаем!
attsch'aliwajim
Wir legen ab!
Legen wir ab!

Надо закругляться!
nada wakrugl'atßa
Man muss sich rund machen.
Ich muss / Wir müssen die Biege machen!

Beim Abschied per Sie sagt man allenfalls До свидания! (da-ßwidanija *Auf Wiedersehen*). Es ist aber immer schön, noch einen guten Wunsch hinterher zu schicken:

До свидания, всего хорошего!
da-ßwidanija, fßiwo ~~ch~~aroschywa
Auf Wiedersehen, alles Gute!

Ist man per Du, gibt es eine größere Auswahl an Floskeln, die sich zum lockeren Verabschieden eignen:

Пока!	paka	Tschüss!
Поки!	poki	Tschüssi!
До скорого!	da ßkorawa	Bis bald!
Будь здоров!	bud' sdarof	Bleib gesund!
До встречи!	da-fßtr'etsch'i	Bis die Tage!
До субботы!	da-ßuboty	Bis Samstag!
Бай!	baj	Bye!
Чюс!	tsch'uß	Tschüss!
Чао!	tsch'ao	Ciao!

Auch die Fremdwörter „Bye!", „Tschüss!" und „Ciao!" hört man manchmal.

Ну, давай!
nu, dawaj
Nun gib!
Na ja, dann mal tschüss!

Счастливо!
schsch'ißliwa
Glücklich!
Mach's gut!

Держись!
dirshyß'
Halte dich!
Halt die Ohren steif!

Не пропадай!
ni-prapadaj
Geh nicht verloren!
Lass mal was hören!

Ja, Nein & Stell dir vor!

In der russischen Umgangssprache und erst recht im Slang gibt es eine Unmenge von Ausrufen, Gesten und an und für sich nichtssagenden Wörtern, die dem „normalen" Redefluss erst die richtige Würze verleihen.

Zustimmen

Ähnlich wie im Sächsischen oder Thüringischen ist auch Ну! nu eine Variante für „ja".

да da	„ja", wird von einem Kopfnicken begleitet
Ага! aga	bedeutet meistens „ja" und eher selten „aha!"
Давай! dawaj	wörtlich „gib", kann je nach Situation alles mögliche heißen: „Ja!", „Na los!", „Okay" ...

Ablehnen

Нет! n'et	„nein", manchmal begleitet von Kopfschütteln
Нету! n'etu	„nein", umgangssprachlich, lässt sich besser aussprechen
Не-а! n'e-a	„nein", gelangweilt, aber bestimmt ausgesprochen

Verwunderung

Да ты что!
da-ty-schto
ja du was!
Ja, aber holla! Was du nicht sagst!

Ух ты!
u~~eh~~ ty
och du!
Ja, Mensch! Toll!

Mischt sich Unbehagen dazu, wirft man ein н-да (n-da *n-ja*) ein, was so viel bedeutet wie „Mmm, naja ...!".

Füllwörter

Braucht man zwischendrin Zeit zum Nachdenken, fügt man immer wieder mal ein:

короче
karotsch'i
kurz gesagt

Это самое ...
äta ßamaji
Wie war das doch gleich?

Will man jetzt auch noch sehr cool sein:

типа
tipa
in dieser Art
irgendwie so, ey

Прикинь!
prikin'
leg dazu
Stell dir vor, Mann!

В натуре!
f-naturi
in der Natur
Ja, Mensch. Tatsächlich!

Респект тебе и уважуху!
rißp'ekt tib'e i uwashu~~ch~~u
Respekt dir und Verehrung!
Das ist cool, Alter! Respekt!

Sitzt man gemütlich schwatzend beisammen und plötzlich entsteht eine Gesprächspause:

Хорошо живём!
~~ch~~arascho shyw'om
Gut leben wir!
Wir lassen's uns ja mal wieder gut gehen!

Вот такая наша жизнь!
wot takaja nascha shysn'
So ist unser Leben ...!

Вот такие пирожки!
wot takiji piraschki
Solche Teigtaschen!
Ja, ja, so isses eben ...!

Мент родился!
m'ent radilß'a
Und wieder ist ein Bulle (Polizist) geboren!

Quatschen & Labern

Auch in Russland lieben es die Leute, zu quatschen und zu labern:

болтать	baltat'	*baumeln*
трепаться	tripatßa	*sich ziehen*
тарахтеть	tara~~ch~~t'et'	*knarren / ächzen*
трындеть	trynd'et'	*bimmeln*
грузить	grusit'	*beladen*
лечить	litschit'	*heilen*
пиздеть	pisd'et'	*rumfotzen*
базарить	basarit'	*Basar reden*
добазариться	dabasaritßa	*etwas absprechen / abschwatzen*

Aus der Sprache der „Neuen Russen" kommt der Begriff базар (basar *Basar) für „Gelaber, Gequatsche" – denn das ist nun einmal die wichtigste Nebenbeschäftigung auf einem Basar.*

сплетничать	чушь молоть
ßpl'etnitsch'at'	tschu'sch malot'
Gerüchte machen	*Unsinn mahlen*
klatschen	jede Menge Stuss erzählen

Will man den Unsinn beim Namen nennen, nennt man das „Blabla" auch:

тра-ля-ля, три рубля	трали-вали
tra-l'a-l'a, tri rubl'a	trali-wali
tra-la-la, drei Rubel	*trali-lali*

Kann jemand bewunderswert gut und schnell z. B. in einer Fremdsprache sprechen:

Смотри, как она шпарит по-английски!
ßmatri, kak ana schparit pa-anglijßki
Schau, wie sie brüht auf Englisch!
Ja schau mal, wie die Englisch plappern kann!

Das Folgende sagt man über einen, der wie ein Wasserfall Unsinn redet:

У него словесный понос!
u-niwo ßlaw'eßnyj panoß
Er hat Wort-Durchfall!
Er erzählt nur Dünnschiss.

	балабол(M)	balabol	Schwatzkopf
	балаболка(W)	balabolka	Schwatzkopf
	трындычиха	tryndytsch'ieha	Quatschtante
	базарила	basarila	Labertasche
wörtl.: Treiber	гонщик	gonschsch'ik	Stussheini
wörtl.: Lastenträger	грузчик	gruschsch'ik	Nervlaberer
wörtl.: Hodenklang	мудозвон	mudaswon	Schwafelarsch

Ablachen & Verspotten

Gelaber kann nervig sein, aber auch überaus unterhaltsam, wenn z. B. ein Witz (анекдот anigdot *Anekdote*) erzählt wird. Im oftmals eher öden Alltag ist man für jede lustige Begebenheit, für jeden Gag (прикол prikol *Befestigungspflock*) oder Joke (хохма ~~ch~~o~~ch~~ma *Witz*) dankbar, und damit auch für jeden Witzbold (приколист prikalißt). Hauptsache, das Ganze ist witzig (прикольно prikol'na).

Хохма *kommt von dem jiddischen Wort „Chochme", was „Witz" bedeutet.*

Вот, прикол! wot prikol	Das ist 'n Joke! *(da Befestigungspflock)*
для прикола dl'a prikola	etw. aus Scherz machen *(für Befestigungspflock)*
ржать rshat'	wiehern *(vor Lachen)*
падать со смеху padat' ßo-ßmie~~ch~~u	umfallen vor Lachen
стёб ßt'op	Spott
прикалываться prikalywatßa	sich lustig machen *(anpflocken)*
подкалываться patkalywatsa	sich lustig machen *(anpflocken)*
стебать ßtibat'	verspotten
лохануться la~~ch~~anutßa	sich übel blamieren
лошить laschyt'	jmd. aufziehen

Лохануться *und* лошить *sind Ableitungen von dem Wort* лох *(lo~~ch~~ Penner / Nichtchecker / Idiot).*

Его лошили, потому-что он вместо водки пил шампанское.
jiwo laschyli, patamu-schta on wm'eßta wotki pil schampanßkaji
Sie zogen ihn auf, weil er anstelle von Wodka nur Sekt trank.

Alles oder nichts checken

Traditionell werden Frauen leider oftmals für die Dümmeren gehalten. In der russischen Sprache gibt es den männlichen Klugscheißer (умник umnik), während die weibliche Form desselben Wortes Frauen (und Männern!) ein helles Köpfchen (умничка umnitsch'ka) bescheinigt. Für die Abwesenheit von Durchblick:

Mit einem Smartphone können Sie sich die Wörter, Sätze und Redewendungen dieses Kapitels anhören.

Я понятия не имею!
ja pan'atija n'e im'eju
Ich hab' keine Ahnung!

Она по-английски ни бум-бум!
ana pa-anglijßki ni bum-bum
Sie hat von Englisch keinen blassen Schimmer!

До тебя доходит как до утки –
на третьи сутки!
da-tib'a dachodit kak da-utki – na tr'eti ßutki
du kapierst (so schnell) wie eine Ente –
(erst) am dritten Tag
Mann, hast du 'ne lange Leitung!

Эти люди – тёмный лес, полнейшая темнота!
äti l'udi – t'omnyj l'eß, paln'ejschaja timnata
diese Leute – dunkler Wald, völlige Dunkelheit
Diese Leute sind einfach vollkommen unterbelichtet!

Он тормозит!
on tarmasit
er bremst
Er kriegt einfach nichts mit!

Тормоз!
tormaß
Bremse
Du Schlafmütze / Penner!

Die folgenden Ausrufe des Nichtwissens sind nach dem Grad ihrer Grobheit sortiert:

А я его знаю?
a ja jiwo snaju
Aber ich weiß es?
Ja, hab ich denn 'ne Ahnung?

Бог его знает!
boch jiwo snajit
Gott weiß es!
Weiß der Himmel!

Чёрт его знает!
tsch'ort jiwo snajit
Der Teufel weiß es!
Weiß der Teufel!

Фиг его знает!
fik jiwo snajit
Die Feige weiß es!
Weiß der Geier!

Хуй его знает!
~~ch~~uj jiwo snajit
Der Schwanz weiß es!
Weiß der Geier, verfickt!

Alles oder nichts checken

Nerven die Anderen durch ihr ewiges Gefrage, kann man sagen:

А я доктор?!
a ja doktar
Aber bin ich Doktor?
Bin ich Moses, oder was?!

Ist man sich nicht sicher, ob die andere Person die Sache begriffen hat, fragt man:

Просёк фишку?!
praß'ok fischku
Hast du die Spielmarke durchgehauen?
Hast du die Sache jetzt geschnallt?!

Weitere Wörter für „schnallen", „checken" oder „es blicken" sind: шарить (scharit' *wühlen*), сечь (ß'etsch' *hauen*), въехать (wje~~ch~~at' *hineinfahren*), врубаться (wrubatßa *einrammen*), поймать тему (pajmat' t'emu *Thema fangen*), ловить волну (lawit' walnu *Welle fangen*), пасти поляну (paßti pal'anu *Waldwiese weiden*).

Ты сечёшь?
ty ßitsch'osch
Kapierst du es?

Теперь я въехала в тему!
tip'er' ja wje~~ch~~ala f-t'emu
Jetzt bin ich in das Thema hereingefahren!
Jetzt hab' ich es endlich geblickt!

Erstaunt sein

Hat man endlich erkannt, wie die Dinge wirklich stehen, darf man auch ehrlich erstaunt sein:

Ничего себе!	Ни фига себе!	Ни хуя себе! •
nitsch'iwo ßib'e	ni figa ßib'e	ni ~~eh~~uja ßib'e
nichts sich	*keine Feige sich*	*kein Schwanz sich*

Alle: „Boah, das ist ja was!"

Ein „Oh Mann, ey!" bringt man mit folgenden Varianten zum Ausdruck:

Ёлки-палки!	Ёлки зелёные!
jolki palki	jolki sil'onyji
Tannenbäume-Stöcke	*Tannenbäume grüne*
Ёлы-палы!	Ё моё!
joly paly	jo majo
„Tannbäume-Stöcke"	*„jo" mein*

Eigentlich spielen all diese Sprüche auf einen sehr derben Fluch an, mit dem man natürlich auch seine Verwunderung zum Ausdruck bringen kann:

Ёб твою мать! •
jop twaju mat'
Fick deine Mutter!
Ja, Scheiße aber auch!

Mit einem Smartphone können Sie sich die Wörter, Sätze und Redewendungen dieses Kapitels anhören.

Erstaunt sein

Обалдеть можно!
abald'et' moshna
Einen Rausch kann man bekommen!
Junge, ist das abgefahren!

Я в отпаде!
ja w-atpadi
ich im Umfallen
Ich fall um, ist das cool!

Я в шоке!
ja f-schoki
ich im Schock
Ich bin platt!

Здрасьте!
sdraß'ti
Tach
Ja, guten Morgen aber auch!

Ну ты даёшь!
nu ty dajosch
na, du gibst!
Du haust mich um!

Она просто шарами смотрела!
ana proßta scharami ßmatr'ela
Sie hat einfach Bälle geguckt!
Sie hat Augen gemacht wie Scheunentore!

Super, Geil & Cool

Verwunderung kann natürlich eine angenehme Ursache haben. Die nachfolgenden Wörter drücken alle ungefähr das gleiche aus: „cool“, „toll“, „super“, „geil“, „hip“ usw.

Класс!	klaß	*klasse*
Супер!	ßupir	*super*
Супер-пупер!	ßupir-pupir	*super-duper*
Круто!	kruta	*steil*
Клёво!	kl'owa	*pickend*
Зачёт!	satsch'ot	*Prüfung*
Зачётно!	satsch'otna	*prüfungstauglich*
Реально!	rial'na	*real*
Оболденно!	abald'enna	*zum Verrückt-werden*
Офигенно!	afig'enna	*feigig*
Офигительно!	afigitil'na	*feigig*
Охуительно!	achuitil'na	*schwanzig*
Наворочено!	nawarotsch'ina	*aufgewickelt*
Кул!	kul	*cool*
Кайф!	kajf	*Rausch*
Кайфово!	kajfowa	*rauschartig*
Убойно!	ubojna	*zum Umhauen*
Пиздато!	pisdata	*fotzig*
Зачепись!	satsch'ipiß'	*häng dich dran*
Заебись!	sajibiß'	*fick dich*

Die beiden Ausdrücke Офигенно! *und* Офигительно! *sind eigentlich nur „Vekleidungen“ für das ziemlich grobe* Охуительно!

Auch Зачепись! *gibt es eigentlich nur, weil es so ähnlich klingt wie* Заебись!

Eine coole Sache, mit der man herumprotzen kann, ist понтово (pantowa von frz. „ponter“ – *beim Glücksspiel gegen die Bank spielen*).

Einfach grottenschlecht

Mit einem Smartphone können Sie sich die Wörter, Sätze und Redewendungen dieses Kapitels anhören.

Wo Licht ist, da ist Schatten. Und dafür gibt es diese Ausdrücke:

Кошмар!	kaschmar	*Alptraum*
Жуть!	shut'	*das Grauen*
Ужас!	ushaß	*Schrecken*
Мрак!	mrak	*Dunkelheit*
Жесть!	shäßt'	*abgeleitet von* жестоко *(„hart", „grausam")*

Entsprechungen für obige Begriffe sind „hammerhart", „heftig", „krass", „heavy" usw. Ähnlich wie im Deutschen werden sie oft einfach als Füllwörter verwendet.

Üble Sachen oder miese Personen sind:

сраный	ßranyj	beschissen
паршивый	parschywyj	räudig
голимый	galimyj	grottenschlecht
фиговый	figowyj	mies (*feigig*)
хреновый	chrinowyj	kackmies (*meerrettich-mäßig*)
хуёвый	chujowyj	verfickt (*schwanzig*)
ёбаный	jobanyj	verfickt
ебанутый	jibanutyj	verfickt

Не в кайф!
n'e f-kajf
Nicht in den Rausch!
Voll öde!

Это не катит!
äta n'e katit
Das rollt nicht!
Das ist out!

Zu Dingen, die einfach Scheiße sind, sagt man:

фигня	fign'a	Mist (*Feigending*)
дерьмо	dir'mo	Kacke
говно	gawno	Scheiße
шняга	schn'aga	Arschmist (*Schwanz*)
херня	chirn'a	Kackmist (*Meerrettichding*)
хуйня •	chujn'a	Fucking Bullshit (*Schwanzding*)

Das Wort фигня kann aber, je nach Zusammenhang, ganz einfach „Dingsbums" bedeuten.

Aufgepasst: говно ist ein ganzes Stück gröber als die deutsche Entsprechung und wird nicht als Fluch verwendet, sondern bezieht sich nur auf schlechte Sachen.

Это полный отстой!
äta polnyj atßtoj
Das ist vollständiger Bodensatz!
Das ist der absolute Schrott!

Eine Schweinerei heißt auch auf Russisch свинство (ßwinßtwa), die Steigerung davon, nämlich eine verfickte Schweinerei, nennt sich jedoch блядство • (bl'atßtwa *Hurerei*).

Sachen von schlechter Qualität, Langweiliges, Nutzloses und schlicht und einfach Blödsinniges nennt man чепуха (tsch'ipucha), ерунда (jirunda), лабуда (labuda), лажа (lasha), халтура (chaltura *Pfusch*), туфта (tufta), фуфло (fuflo), муть (mut' *Trübheit*), бред (br'et *Fieberwahn*) oder лошьё (lasch'jo *etwas Pennerhaftes*).

Eine Unordnung wie im Puff

Nun also auf zur großen Unordnung! Die wird in der Regel durch jemanden verursacht: Eine Маша-растеряша (mascha raßtir'ascha *Mascha-Verliertasche*) oder eine ворона (warona *Krähe*) ist eine Person, die gerne mal etwas verbummelt. Verbummeln nennt man посеять (paß'ejat' *säen*) oder als grobe Variante похерить (pacherit' *verschwanzen*).

Bei jemandem, der ständig etwas verbummelt, herrscht immer ein großes Kuddelmuddel (шурум-бурум schurum-burum). Wenn es noch schlimmer kommt, ist der Ort, wo sich eine solche Schlampe (неряха nir'acha) aufhält, ein Saustall (свинарник ßwinarnik) oder gar ein Puff (бардак bardak) bzw. Bordell (бордель bard'el').

Чёрт ногу сломит!
tsch'ort nogu ßlomit
Der Teufel wird sich (das) Bein brechen!
Selbst der Teufel bricht sich hier ein Bein!

Kommt zum allgemeinen Durcheinander (суматоха ßumatocha) und Wirrwarr (гоголь-моголь gogal' mogal' *geschlagenes Eigelb mit Zucker*) noch eine generelle, sich steigernde Aufregung (ажиотаж ashyatasch *Börsenspekulation*) dazu, dann wird das Ganze wahrhaftig zu einem Irrenhaus (дурдом durdom), aus dem es keine Rettung mehr gibt.

Nichts als Scherereien!

Kennen Sie das auch? Alles war so schön geplant, aber dann wird man in jeder Hinsicht im Stich gelassen. Das Resultat: Man hat Scherereien (заморочки samarotsch'ki) ohne Ende, hat Stress pur (напряг napr'ak – *von* напряжение: *„Spannung"*). Nichts klappt, wie es soll, man hat verdammtes Pech (непруха nipru~~ch~~a). Alles ist ein Riesen-Schlamassel (полный облом polnyj ablom *völliges Abbrechen*) oder vulgär gesagt, eine verfickte Scheiße (пиздец pisd'ez *Fotzerei*).

Es wird schließlich brenzlig (стрёмно ßtr'omna). Man bekommt Muffensausen und Lampenfieber (трясучка trißutsch'ka *der Zittrige*, мандраж mandrasch, стрём ßtr'om) und läuft somit Gefahr, sich dann auch noch in die Hosen zu machen (наложить в штаны nalashyt' f-schtany *in Hosen legen*).

Он меня обломал – просто не пришёл!
on min'a ablamal – proßta n'e prischol
Er hat mich abgebrochen – einfach nicht gekommen!
Der hat mich voll hängen lassen
und ist einfach nicht gekommen!

Может, нам повезёт, а может, мы обломаемся!
moshyt, nam pawis'ot, a moshyt, my ablamajimß'a
Vielleicht fahren wir, aber vielleicht brechen wir ab!
Vielleicht haben wir Glück,
vielleicht geht aber auch alles in die Hose!

Они просто забили на нас!
ani proßta sabili na-naß
Sie sind einfach hereingeschlagen auf uns!
Die haben uns einfach im Stich gelassen!

С этой историей я просто влипла!
ß-ätaj ißtorijij ja proßta wlipla
Mit dieser Geschichte bin ich einfach angeklebt!
Mit dieser Geschichte habe ich einfach nur Trouble!

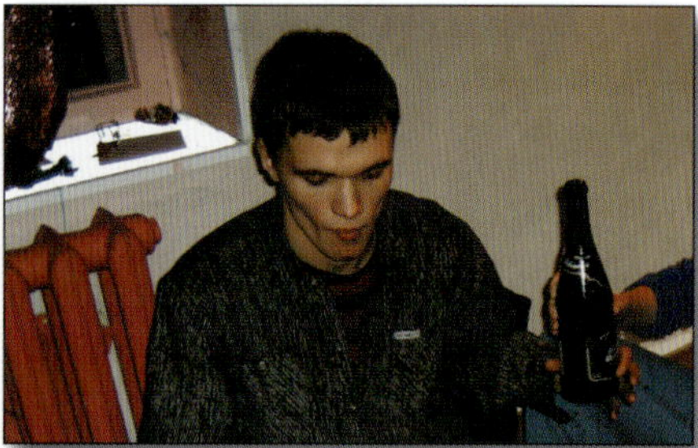

Werden die Probleme existenziell, kann man sagen:

Нам конец!
nam kan'ez
Uns Ende!
Das ist unser Ende!

Им капец / каюк!
im kap'ez / kajuk
Ihnen Ende!
Die sind völlig fertig!

Мне хана!
mn'e chana
Mir Ende!
Ich bin am Boden!

Мне пиздец!
mn'e pisd'ez
Mir Fotzerei!
Ich bin am Arsch!

Null Bock auf Nichts

Längst hat sich auch bei einem Teil der russischen Jugend eine Null-Bock-Einstellung breit gemacht, dafür gibt es sogar einen neuen „-ismus": den „Scheißegalismus" (пофигизм pafigism). Will man die Umgebung über die persönliche Alles-Egal-Stimmung aufklären, beginnt man mit Мне совершенно ... (mn'e ßawirschänna) und ergänzt dann wahlweise:

Mit einem Smartphone können Sie sich die Wörter, Sätze und Redewendungen dieses Kapitels anhören.

... параллельно!
parall'el'na
parallel

... по барабану!
pa-barabanu
über die Trommel

... фиолетово!
fial'etawa
violett

... до лампочки!
da-lampatsch'ki
bis zum Lämpchen

... до фонаря!
da-fanar'a
bis zur Laterne

... до фени!
da-f'eni
bis zur Verbrechersprache

All diese Beispiele kann man frei nach Schnauze übersetzen mit „Mir ist das absolut piepe, piepegal, schnuppe, schnurz, wurscht, schietegal" usw.

Мне всё равно!
mn'e fß'o rawno
Mir alles egal!
Mir ist das egal!

Мне без разницы!
mn'e b'es rasnizy
Mir ohne Unterschied!
Das ist mir gleich!

Какая разница!
kakaja rasniza
Was macht das für einen Unterschied!

Мне по-любому!
mn'e pa-l'ubomu
Mir auf beliebige Weise!
Mir ist das pille-palle!

Мне наплевать!
mn'e napliwat'
Mir spucken!
Ich spucke da drauf!

Мне насрать!
mn'e naßrat'
Mir scheißen!
Ich scheiß da drauf!

Мне по фиг!
mn'e po-fik
Mir über die Feige!
Mir ist das piepegal!

Мне по хуй!
mn'e po-~~ch~~uj
Mir über den Schwanz!
Mir ist das scheißegal!

Это меня не наппрягает!
äta min'a n'e naprigajit
Das belastet mich nicht!
Das lässt mich vollkommen kalt!

Мне неохота!
mn'e niachota
Ich hab keine Lust!

Это мне влом / западло / впадлу!
äta mn'e wlom / sapadlo / fpadlu
Das ist mir Einbruch / Nullbock / Nullbock
Dazu habe ich keinen Bock!

Это мне в облом!
äta mn'e w-ablom
Das ist mir in Abbruch!
Dazu habe ich keinen Trieb!

Auf die Nerven gehen

Leider gibt es immer und überall nette Mitmenschen, denen man nichts anderes sagen kann (oder möchte) als „Mensch, du nervst!".

Ты мне действуешь на нервы!
ty mn'e d'ejßtwujisch na-n'erwy
Du gehst mir auf die Nerven!

Эти люди нервируют меня.
äti l'udi nirwirujut min'a
Diese Leute nerven mich.

Хватит нервы трепать!
chwatit n'erwy tripat'
Es reicht Nerven ziehen!
Jetzt mal Schluss mit der Nerverei!

Не капай мне на мозги!
n'e kapaj mn'e na-masgi
Tropfe mir nicht ins Gehirn!
Mach mich nicht kirre!

Не компостируй мне мозги!
n'e kampaßtiruj mn'e masgi
Kompostiere (entwerte) mir nicht das Gehirn!
Mach mich nicht meschugge!

Она мне надоела!
ana mn'e nadajela
sie mir überessen
Die hängt mir zum Halse raus!

Ты меня достал!
ty min'a daßtal
Du (hast) mich erreicht!
Du machst mich fertig!

Ты меня заколебал!
ty min'a sakalibal
Du (hast) mich eingeschüttelt!
Du machst mich völlig fertig!

Не пудри мне мозги!
n'e pudri mn'e masgi
Pudere mir nicht das Gehirn!
Jetzt hör mal auf, mir das Gehirn durchzublasen!

Ты меня заебал!
ty min'a sajibal
Du (hast) mich eingefickt!
Ich hab die Schnauze voll von dir!

Nervt jemand dadurch, dass er oder sie etwas einfach zu langsam macht, kann der folgende Spruch angebracht sein:

Шевели копыта!
schywili kapyta
Beweg deine Hufe!

Verrückt geworden?!

Geht einem jemand zu sehr auf den Geist, liegt die Vermutung nahe, dass dieser Mensch nicht ganz richtig im Kopf ist. Dies kann man auf vielfältige Weise zum Ausdruck bringen:

У тебя не все дома!
u-tib'a n'e fß'e doma
Bei dir (sind) nicht alle zu Hause!
Du hast nicht mehr alle Tassen im Schrank!

Verrückt geworden?!

Ты с ума сошёл?!
ty ß-uma ßaschol
Bist du vom Geist heruntergekommen?!
Bist du verrückt geworden?!

Он сумасшедший!
on ßumaschschätschyj
Der ist geistesgestört!

Она сдурела!
ana sdur'ela
Sie hat den Verstand verloren!

Он рехнулся!
on riechnulß'a
Er ist wahnsinnig geworden!

У тебя крыша поехала?!
u-tib'a kryscha pajechala
Ist bei dir das Dach weggefahren?!
Bist du blöd geworden?!

Ты гонишь!
ty gonisch
Du jagst!
Du spinnst!

Твои мозги варят?!
twai masgi war'at
Deine Gehirne kochen?!
Bist du noch ganz bei Trost?!

Он просто чёкнутый!
on proßta tsch'oknutyj
Der ist einfach bekloppt!

Одуреть можно!
adur'et' moshna
Es ist zum Verrücktwerden!

Ты спятил!
ty ßp'atil
Du hast einen Stich!

Она немножко такая „с приветом".
ana nimnoschka takaja ß-priw'etam
Sie ist ein bisschen so eine „mit schönem Gruß".
Die hat 'nen kleinen „Lütütü".

Wenn sich bei einem die Ticks (сдвиги sdwigi *Verschiebungen*) und Macken (прибомбасы pribambaßy *Mitbombastische*) immer mehr häufen, ist er voll psycho (псих pßi~~ch~~ *Psycho-Typ*) und damit ein Kandidat für die Klapsmühle (психушка pßi~~ch~~uschka).

Verbrecherslang

Früher gab es angeblich unter „Verbrechern und asozialen Elementen" eine Art Geheimsprache, die ihre kriminellen Machenschaften verschleiern sollte. In den 1920er Jahren wurde in der Sowjetunion vom NKWD (НКВД änkawädä) sogar ein Wörterbuch mit dem Titel Блатная музыка (blatnaja musyka *Verbrechermusik*) zu diesem Jargon herausgegeben. Der NKWD war übrigens der Vorläufer des KGB (КГБ kägäbä).

Inwieweit damals oder heute Kriminelle tatsächlich eine Geheimsprache benutzt haben oder benutzen, lässt sich nicht mit Gewissheit sagen. Fest steht: Millionen von Sowjetbürgerinnen und -bürgern waren – oftmals unschuldig – jahrelang in Gefängnissen und Lagern inhaftiert. Dadurch sind viele Knastbegriffe fester Bestandteil des Alltagsslangs geworden. Es ist cool, in Gangstersprache zu sprechen (ботать по фене batat' pa-f'eni).

In unzähligen Liedern wird die Romantik und Tragik des Verbrecheralltags besungen.

Блатные песни (blatnyji p'eßni *Verbrecherlieder*) sind inzwischen zu einer beliebten Musikrichtung avanciert. Ihren Ursprung hat diese Musik in den alten, dreckigen Hinterhöfen. Dort wurden (und werden) diese Lieder gegrölt; oftmals von wenigen, einfachen Gitarrenriffs begleitet:

три блатных аккорда
tri blatny~~eh~~ akorda
drei Verbrecher Akkorde

Im russischen Alltag sind Gesetzesverstöße oft nicht zu vermeiden. Dabei läuft alles besser mit Vitamin B (по блату pa-blatu *über Vetternwirtschaft*). Wenn man einen prestigeträchtigen Studienplatz, eine gute Arbeit oder eine Wohnung haben möchte, bzw. um den Militärdienst herumkommen will, ist es nötig, gute Connections zu haben und ein Schmiergeld (взятка ws'atka) zu zahlen.

Dennoch muss betont werden, dass ein harter Kampf gegen die Korruption (коррупция karupzyja) und die Schmiergeldpraxis (взяточничество ws'atatsch'nitsch'ißtwa) geführt wird und darauf hohe Strafen stehen. So sollte man – wenn es denn nötig wird – z. B. Milizangehörigen nie direkt ein Schmiergeld anbieten, sondern besser vorsichtig fragen, ob man nicht eine Strafe zahlen soll (заплатить штраф saplatit' schtraf).

Bullerei & Knast

Der Hauptfeind der Unterwelt ist ganz eindeutig die Polizei, die in Russland seit der Revolution von 1917 bis 2011 Miliz (милиция milizyja) hieß. Die folgenden Bezeichnungen für Polizisten, sprich Bullen, sind alles andere als schmeichelhaft: мент (m'ent), менты (minty), мусора (mußara *Mehrzahl von Müll*), ментовка (mintofka *Bullerei*) oder легавка (ligafka *Bullerei*).

Die Polizei ist so unbeliebt, weil sie z. B. Schnüffelaktionen durchführt (навести шмон nawißti schmon *Gestank hinführen* bzw. шмонать schmanat' *stinken*). Dazu rückt die Polizei in einer grünen Minna an (воронок waranok *kleiner Rabe*); in Russland ist das meist ein Jeep der Marke УАЗ (uaß) mit einem Kastenaufsatz. Der schreckliche Vorläufer des heutigen „kleinen Raben" ist der „schwarze Rabe" (чёрный ворон tsch'ornyj woran). So nannte man die Limousine, die in der Stalinzeit vornehmlich in den frühen Morgenstunden Leute abholte, von denen man später nur selten wieder etwas hörte.

Einmal vor Gericht, wird den Delinquenten vielleicht zu Unrecht noch irgendeine andere Sache angehängt (пришили дело prischyli d'ela *sie nähten eine Sache an*). Dann bekommen sie wohl ein paar Jahre aufgebrummt (вышел срок wyschal ßrok *eine Zeitspanne ist herausgekommen*). Sie werden zu Knastis (зэки säki) und dürfen ihre Zeit absitzen (сидеть ßid'et').

Die Orte der Inhaftierung nennt man so:

тюрьма	t'ur'ma	Gefängnis
тюряга	t'ur'aga	Kittchen
каталажка	katalaschka	Knast
колония	kalonija	Strafkolonie (*Kolonie*)
зона	sona	Strafkolonie (*Zone*)
химия	chimija	Arbeitslager (*Chemie*)
сизо	ßiso	U-Haft
вытрезвитель	wytriswitil'	Ausnüchterungszelle

Obdachlose

Seit dem Zerfall der Sowjetunion hat die Armut zugenommen und damit die Zahl der Bettler und Obdachlosen. Diese werden zwar nicht per se kriminalisiert, aber trotzdem oftmals nicht gerade pfleglich von der Polizei behandelt.

Ein verbreitetes, abwertendes Wort für Bettler (нищий nischsch'ij *Niederer*) ist попрошайка (papraschajka *Schnorrer*). Das neutrale Wort für „Obdachloser" ist бездомный (bisdomnyj *Hausloser*), häufiger hört man jedoch die verächtliche Abkürzung бомж(M) (bomsch) bzw. für Frauen бомжиха(W) (bamshycha). Diese Abkürzung wurde ursprünglich von der Miliz geprägt und steht für без определённого места жительства (bjes apridil'onnawa m'eßta shytil'ßtwa *ohne festen Wohnsitz*).

Stehlen, Klauen, Rauben ...

украсть	ukraßt'	*stehlen*
спереть	ßpir'et'	*wegschleppen*
стянуть	ßtinut'	*wegziehen*
свистнуть	ßwißnut'	*wegpfeifen*
спиздить	ßpisdit'	*wegfotzen*
спиздануть	ßpisdanut'	*wegfotzen*
цапцарапать	zapzarapat'	*Zappzarapp machen*
спионерить	ßpian'erit'	*wegpionieren*
скомсомолить	ßkamßamolit'	*wegkomsomsomolzen*
скоммуниздить	ßkamunisdit'	*wegkommunisten*

Мой кошелёк спёрли!
moj kaschyl'ok ßp'orli
Mein Portmonee wurde mir geklaut!

Не оставляй велик на улице – ноги приделают.
n'e astawl'aj w'elik na ulizy – nogi prid'elajut
Lass das Fahrrad nicht auf der Straße stehen – das kriegt sonst Beine.

Das untenstehende Sprichwort passt nicht nur bei Diebstahl, sondern auch, wann immer es praktischer ist, unbequeme Regeln nicht so ernst zu nehmen – z. B., wenn es wieder einmal neue behördliche Anordnungen gibt, die keinen anderen Zweck zu haben scheinen, als einem das Leben nicht zu süß werden zu lassen.

Чтоб жизнь мёдом не казалась.
schtop shysn' m'odam n'e kasalaß'
damit das Leben nicht als Honig erscheint
Damit das Leben nicht zu süß wird.

Leider lässt sich die kurze, verschmitzte Doppeldeutigkeit dieses Spruchs auf Deutsch nur schwer wiedergeben:

Если нельзя, а очень хочется, то можно.
jeßli nil's'a, a otsch'in' ~~ch~~otsch'itß'a, to moshna
Wenn man etwas nicht darf, aber dennoch große Lust darauf hat, dann geht das trotzdem in Ordnung.

Mehr Vokabular zu illegalen Aktivitäten:

блатной мир	blatnoj mir	Unterwelt *(Verbrecherwelt)*
шпана	schpana	Unterwelt / Gesocks
вор в законе	wor w-sakoni	Schwerer Junge *(Dieb im Gesetz)*

брать / платить за крышу
brat' / platit' sa-kryschu
nehmen / bezahlen für das Dach
Schutzgeld kassieren / bezahlen

Gangster (oder solche, die so cool wie Gangster sein wollen) reden sich unter einander gerne mit брат (brat *Bruder*) oder братан (bratan *cooler Bruder*) an. Eine ganze Gruppe solcher Typen nennt sich братва (bratwa *Bruderschaft*). Seit den wilden Neunzigern gibt es zum Glück immer weniger Gangster, die Autos überfallen und ausrauben (рэкетир räkitir oder рэкет räkit). Immer noch aktuell ist, dass Banken ausgeraubt werden (ограбить банк agrabit' bank) oder eleganter ausgedrückt „Banken gesäubert werden" (очистить банк atsch'istit' bank).

Ein typischer Begriff aus der Verbrechersprache für „Überfall" ist гоп-стоп (gopßtop). Die geraubten Schätze werden vielleicht erst einmal in eine Gangsterhöhle (малина malina *Himbeere*) gebracht. Wenn eine Menge illegales Geld angehäuft wurde, muss man das Geld schnell „waschen" (промывание денег pramywaniji d'enik *Geldwäsche*).

Abhauen

Damit man vor bösen Überraschungen sicher ist, muss jemand Schmiere stehen (стоять на стрёме / шухере ßtajat' na-ßtr'omi / schuchir'e). Wenn derjenige Alarm gibt, muss man sich dünne machen:

Смываемся!
ßmywajimß'a
Wir spülen uns weg!
Wir verduften jetzt!

Сваливаем!
ßwaliwajim
Wir fallen ab!
Wir verziehen uns!

Сматываем удочки!
ßmatywajim udatsch'ki
Wir ziehen die Angeln ein!
Wir verdünnisieren uns!

Надо делать ноги!
nada d'elat' nogi
Man muss Beine machen!
Wir müssen abhauen!

Ärger im Anmarsch

An sich ist es ja noch nichts Kriminelles, wenn jemand einen dicken Hals bekommt (возбухать wasbuchat' *anschwellen*) oder Zicken macht (выёбываться wyjobywatßa *sich herausficken*), aber die Grenzen sind fließend. Jemandem offen „eine Feige zeigen“ (фигуш показать figusch pakasat') kann schon als ernste Beleidigung aufgefasst werden.

Während wir den Stinkefinger zeigen, zeigt man in Russland „eine Feige“. Dabei wird der Daumen zwischen dem Zeige- und dem Mittelfinger durchgeschoben.

Erwischt man jemanden, der gerade irgendwo hingeht, wo er nichts zu suchen hat, kann man ihn fragen:

Куда ты лыжи навострил?!
kuda ty lyshy nawaßtril
Wohin hast du die Skier gespitzt?
Na, wohin geht die Post?!

Hatte die Person tatsächlich etwas Verbotenes vor, braucht sie jetzt eine gute Ausrede (отговорка adgaworka oder отмазка atmaßka *Wegschmiererei*), sie muss sich irgendwie rausreden (отмазаться atmasatßa *sich wegschmieren*). Wenn ein offensichtlich unfähiger Typ wieder mal etwas nicht hingekriegt hat, sagt man:

Плохому танцёру всегда яйца мешают!
plachomu tanz'oru fßigda jajza mischajut
Einem schlechten Tänzer sind die Eier immer im Weg!

Wenn einen das Gerede seines Gegenübers nervt, kann man Folgendes sagen:

Не вешай мне лапшу на уши!
n'e w'eschaj mn'e lapschu na-uschy
Häng mir keine Nudeln an die Ohren!
Erzähl keinen Mist, mach mir nichts vor!

Фильтруй базар!
fil'truj basar
Filtriere (den) Basar!
Pass auf, was du sagst!

Чё ты мне паришь?!
tsch'o ty mn'e parisch
Was dampfst du mir?
Was willst du, was laberst du da?!

Заткнись!
satkniß'
Steck dich zu!
Halt die Klappe!

Замолчи!
samaltsch'i
Beginne zu schweigen!
Sei still!

Закрой своё паяло, чтоб здесь не воняло!
sakroj ßwajo pajala, schtop sd'eß' n'e wan'ala
Mach deine Fresse zu, damit's hier nicht stinkt!
Mach dein Maul zu, es stinkt schon!

Vor durchdringenden Blicken hilft vielleicht:

Что ты пялишься?!
schto ty p'alischß'a
Was glotzt du so?

Hau ab!

Wenn es aggressiver wird, ist es vielleicht gar nicht verkehrt, den nachfolgenden Aufforderungen auch zu folgen:

Отвали!
atwali
Roll weg!
Mach die Biege!

Шуруй отсюда!
schuruj atß'uda
Kratz dich hier weg!
Verdünnisier dich!

Пошёл ты!
paschol ty
Geh du!
Hau ab!

Пошёл на хуй!
paschol na-~~ch~~uj
Geh zum Schwanz!
Verpiss dich!

Пиздуй отсюда!
pisduj atß'uda
Fotze weg von hier!
Verpiss dich!

Pass bloß auf!

Я покажу тебе, где раки зимуют!
ja pakashu tib'e, gd'e raki simujut
Ich zeig dir, wo die Krebse überwintern!
Ich zeig dir, wo der Hammer hängt!

Тебе жить надоело?!
tib'e shyt' nadajela
Dir zu leben ist überessen!
Du hast wohl lange nicht mehr aus 'nem Sarg gelächelt?!

Смотри у меня!
ßmatri u-min'a
Schau bei mir!
Pass bloß auf!

Раком тя поставлю!
rakam t'a paßtawl'u
Ich stell dich wie einen Krebs hin!
Ich würde dich gerne mal von hinten nehmen!

Prügeln & Morden

Wenn es heißt, dass man die Beziehungen zueinander klären möchte (выяснить отношения wyjißnit' atnaschänija), bedeutet das meist, dass man zu tätlichen Auseinandersetzungen (разборки rasborki *Klärungen*) übergeht. Dann gibt es eine Prügelei (драка draka) oder eine Klopperei (взбучка wsbutsch'ka), und man läuft Gefahr, vermöbelt, versimst, verwamst oder verdroschen zu werden:

пинать	pinat'	*treten*
лупить	lupit'	*abschälen*
дубасить	dubaßit'	*mit einem Eichenstock schlagen*
вывозить	wywasit'	*herausführen*

Ему здорово промыли косточки!
jimu sdorawa pramyli koßtatsch'ki
Ihm haben sie die Knöchlein gesund gewaschen!
Dem haben sie die Knochen ganz schön durchgewalkt!

Замочить samatsch'it' *ist zwar ziemlich vulgär, aber in Bezug auf tschetschenische Rebellen war sich auch Präsident Putin nicht zu fein, das Wort in den Mund zu nehmen.*

Sterben

Wenn's ganz hart kommt, wird jemand ermordet (убить ubit'), ausgelöscht (загасить sagaßit') oder umgelegt (замочить samatsch'it'). Ein ganz profaner, traditioneller Mörder ist ein убийца (ubijza *Mörder*). Den Auftragsmörder nennt man mit einem fast vornehmen Beiklang wie im Englischen киллер (kilir *Killer*).

Ob nun auf natürliche oder unnatürliche Weise, wir alle müssen irgendwann mal den Löffel abgeben, alle Viere von uns strecken, uns die Radieschen von unten ansehen, ins Gras beißen ...

отдать концы addat' kanzy	*die Enden abgeben*
сыграть в ящик ßygrat' w-jaschsch'ik	*in die Kiste spielen*
отстегнуть копыта atßtignut' kapyta	*die Hufe abschnallen*
тапочки откинуть tapatsch'ki atkinut'	*die Pantoffeln von sich strecken*
лапки откинуть lapki atkinut'	*die Pfötchen von sich strecken*
отбросить кегли adbroßit' k'egli	*die Kegel wegwerfen*
в ящик сложиться w-jaschsch'ik ßlashytßa	*sich in die Kiste zusammenlegen*
околеть akal'et'	*krepieren*
сдохнуть sdochnut'	*verrecken*

положить зубы на полку
palashyt' suby na-polku
die Zähne ins Regal legen

лечь в дубовый чемодан
l'etsch' w-dubowyj tsch'imadan
sich in den Eichenkoffer legen

Schuften & Malochen

Die Menschen in Russland arbeiten viel und hart. Manche müssen in drei oder vier Jobs schuften (вкалывать fkalywat' *hineinstechen*) und ackern (пахать pachat' *pflügen*), um sich irgendwie über Wasser zu halten. Denn bezahlt wird oft nur schlecht:

Денег – кот наплакал!
d'enik – kot naplakal
Der Kater hat Geld herbeigeweint!
So wenig Geld, dass man weinen möchte!

Manch einer wird zum regelrechten Arbeitstier (работяга rabat'aga oder трудяга trud'aga, beides: *Arbeitsmensch*) oder gar Workaholic (трудоголик trudagolik).

Natürlich gibt es auch in Russland genügend Leute, die sich gerne einen lauen Lenz machen (сидеть на расслабоне ßid'et' na-raßßlaboni *auf dem Entspanner sitzen*) und sich vor allem drücken (сачковать ßatsch'kawat' *mit dem Kescher fangen*). So ein Drückeberger (сачок ßatsch'ok *Kescher*), Nichtstuer (бездельник bisd'el'nik) oder Faulenzer (лентяй lint'aj) kriegt es immer wieder hin, krank zu feiern. Man sagt, er leide an „Listigkeitsentzündung" (воспаление хитрости waßpal'eniji chitraßti).

Solche Leute kommen gerne irgendwo unter, wo es sich nach folgender Devise leben (und arbeiten) lässt:

Поближе к кухне, подальше от начальства!
pablishy k-kuchni, padal'schy at-natsch'al'ßtwa
Näher dran an der Küche und weiter weg von den Chefs!

Fürs Nichtstun gibt es die folgenden schönen Wendungen:

валять дурака wal'at' duraka	*den Dummkopf rollen*
гонять балду gan'at' baldu	*den dicken Hammer / den Dummen jagen*
гонять чаи gan'at' tsch'iji	*die Tees jagen*

„Die Tees jagen" deshalb, weil die schönste Beschäftigung beim Nichtstun ja das Teetrinken ist!

Aufgepasst: Ein чернорабочий (tsch'irnarabotsch'ij *Schwarzarbeiter*) ist kein Schwarzarbeiter im deutschen Sinne (einer, der keine Steuern zahlt), sondern einer, der die niedrigsten und dreckigsten Arbeiten macht. Arbeiten ohne Steuern zu zahlen nennt sich работать нелегально (rabotat' niligal'na *illegal arbeiten*).

Kohle, Asche, Mäuse

Eine besonders emotionale Beziehung zum lieben Geld kommt in den folgenden Verniedlichungsformen zum Ausdruck: денежки (d'enischki), деньжата (din'shata), деньжа (din'sha). Diese Wörter könnte man alle mit „Geldchen" oder „Scheinchen" übersetzen.

Kohle, Asche, Mäuse

Noch aus der Zarenzeit sollen folgende Wörter für Geld stammen: бабки (bapki), бабло (bablo) oder баблы (bably). Die Wörter хрусты (chrußty) und шелесты (schylißty) spielen darauf an, dass Geldscheine so schön knistern (хрустеть chrußt'et') und rascheln (шелестеть schyliß-t'et'). Der deutsche Ausdruck „Kohle machen" lässt sich wie folgt übersetzen:

Die nebenstehenden Begriffe wurden abgeleitet von баба *(*baba *Weib / Großmütterchen), weil zur Zarenzeit das Porträt der Zarin Katharina II. auf den Rubelscheinen abgebildet war.*

нарубить капусты narubit' kapußty	*Kraut zusammenhacken*
бабки косить bapki kaßit'	*die Weibchen sensen*
деньги грести d'en'gi grißti	*Geld kämmen*
навариться nawaritßa	*sich zusammenkochen*

Сколько ты на этом дельце наварила?
ßkol'ka ty na-ätam d'el'zy nawarila
Wieviel (hast) du an diesem Sächlein zusammengekocht?
Wie viel Asche hast du mit dieser Geschichte gemacht?

Währungen

Den Rubel (рубль rubl') nennt man kurz рупь (rup'). Die so begehrten Dollars werden auch баксы (bakßy) genannt, als Ableitung von dem amerikanischen Slangbegriff buck für „Dollar". Alternativ nennt man den Dollar зелёные (sil'onyji *grüne*), грины (griny, abgeleitet vom englischen green) und грюны (gr'uny, abgeleitet vom deutschen „grün"), denn die netten Scheinchen sind nun einmal grün. Für diejenigen, denen der Euro (евро jewra) lieber ist, gibt's das Wörtchen еврик (jewrik *Eurochen*).

Neben der offiziellen ukrainischen Währungsbezeichnung Griwnja (гривня griwn'a) hat sich die umgangssprachliche männliche Variante гривень (griwin') entwickelt, da der Rubel grammatikalisch auch männlich ist. So kommen an гривень die gleichen grammatikalischen Endungen wie an den Rubel:

Die ukrainische Aussprache für Griwnja ist hrywn'a.

два рубля пятьдесять
dwa rubl'a piddiß'at'
zwei Rubel fünfzig

два гривня пятьдесять
dwa griwn'a piddiß'at'
zwei Griwnja fünfzig

Korrekt müsste Letzteres aber heißen: две гривни пятьдесять (dw'e griwni piddiß'at').

Für den weißrussischen Rubel (белорусский рубль bilarußkij rubl') gibt es die Bezeichnung (in der Mehrzahl) зайчики (sajtschiki *Häslein*). Dadurch kommt auch zum Ausdruck, dass diese Währung nicht sonderlich stark ist.

Nicht sehr freundlich ist die abwertende Bezeichnung бабаи (babai *Asiaten*) für die verschiedenen Währungen der mittelasiatischen Staaten wie z. B. den Tenge (тенге ting'e) in Kasachstan.

Die 1991 eingeführte Währung des unabhängigen Weißrusslands zeigte einen Hasen auf dem Ein-Rubel-Schein – dieser fiel aber relativ schnell der Inflation zum Opfer.

Dann gibt es noch folgende Mengenangaben für Währungseinheiten:

пятак	pitak	5 oder 50 Rubel
чирик	tsch'irik	10 Rubel
полтинник	paltinnik	50 oder 50.000 Rubel
тридцатник	tritzatnik	30 Rubel
штука баксов	schtuka bakßaf	1000 Dollar (*ein Stück Dollar*)
лимон	limon	1 Million (*Limone*)

Die Inflationsraten sind in einigen Nachfolgestaaten der Sowjetunion sehr hoch. Hier kann man oft erleben, dass die Tausender einfach nicht genannt werden, was dann auf den ersten Blick zu paradoxen Zahlen führt.

Kostet etwas 35.600 weißrussische Rubel, wird umgangssprachlich gesagt:

тридцать пять шестьсот
tritzat' p'at' schäßtßot
dreißig fünf sechshundert

Korrekt müsste das Ganze heißen:

тридцать пять тысяч шестьсот
tritzat' p'at' tyßitsch' schäßtßot
dreißig fünf tausend sechshundert

Der Dollar gilt oftmals immer noch als Orientierungshilfe für die Preise. Da die Preise aber eigentlich nur in den Nationalwährungen angegeben werden dürfen, sieht man bei der Preisauszeichnung die Abkürzung y.e. (u-jä) stellvertretend für условные единицы (ußlownyji jidinizy *bedingte Einheiten*).

Bares, Bargeldlos & Gratis

Für Bargeld (наличные деньги nalitsch'nyji d'en'gi) gibt es die kurze und coole Form нал (nal), alles was bargeldlos abläuft, ist entsprechend по безналу (pa-bisnalu *auf ohne-Bargeld-Art*). Wenn es irgendwo was umsonst gibt, so nennt man das на шару (na-scharu) oder на халяву (na-chal'awu). Und dann ist es auch nicht mehr so wichtig, ob diese Sache gut ist oder nicht, denn:

На шару и уксус сладкий!
na-scharu i ukßuß ßlatkij
Umsonst schmeckt selbst der Essig süß!

Einkaufen

Kaum hat man ein bisschen Geld gemacht, muss man auch gleich wieder für alles mögliche blechen (башлять baschl'at') und das Geld hinblättern (отдать денег addat' d'enik *Geld abgeben*) oder es gar rausknallen (угрохать деньги ugrochat' d'en'gi). Denn überall wird versucht, etwas zu verticken (втюхать ft'uchat') oder zu verschachern (толкать talkat' *schieben*).

Seit dem Zerfall der Sowjetunion gibt es auf allen Märkten des Landes fliegende Händler, die aus den jeweiligen Nachbarländern alle zum Leben notwendigen Dinge heranschaffen. Man nennt sie челноки (tsch'ilnaki *Web-*

maschinenschiffchen), weil sie wie dieses Schiffchen unermüdlich hin- und herfahren. Oftmals werden sie auch abwertend als торгаши (targaschy *Händlergesindel*) bezeichnet. Die Märkte, auf denen sie ihre Ware anbieten, werden толчок (taltsch'ok *Stoß / Geschachere*) oder auch барахолка (bara~~ch~~olka *Krimskramsmarkt*) genannt, weil dort барахло (bara~~ch~~lo *Kram*) verkauft wird. Dort kann man auch mal ein Schnäppchen (дешёвка dischofka) erstehen, beispielsweise weil es Second-Hand ist (бывший в употреблении byfschyj w-upatribl'enii, abgekürzt б/у bä-u) oder ohne Steuern und Aufschläge (без накруток b'es nakrutak).

In Bezug auf die Qualität von einheimischen Waren sind viele Menschen in Russland bis heute skeptisch. Da muss das Prädikat „europäisch" herhalten, um für Güte zu bürgen, wie der folgende Spruch aus der Werbung zeigt:

Русская традиция, европейское качесво!
rußßkaja tradizyja, jiwrap'ejßkaji katsch'ißtwa
Russische Tradition, europäische Qualität!

Über eine Wohnung, die mit technischer und sanitärer Ausstattung auf dem allerneuesten Stand ist, sagt man, die hätte евроремонт (jiwrarimont *europäische Renovierung*).

Was kauft man, um sich hervorzuheben (выделываться wyd'elywatßa), auf den Putz zu hauen (выпендриваться wyp'endriwatßa) oder um rumzuprotzen (понтоваться pantawatßa)? Natürlich Klamotten (шмотки schmotki bzw. одёжка ad'oschka).

Ух ты, где урвала ботины?
u~~ch~~ ty, gd'e urwala batiny
Holla, wo hast du die Treter abgestaubt?

Hat eine Frau einen Modefimmel und daher einen berstend vollen Kleiderschrank, so ist sie eine шмотница (schmotniza *Klamottennärrin*). In jüngster Zeit kommt dies auch immer häufiger bei Männern vor, das ist dann der шмотник (schmotnik *Klamottennarr*).

Technik, die begeistert

Auch in Russland brodelt das Medienzeitalter. Russische Computerspezialisten z. B. sind auch im Ausland heiß gefragte Leute. Längst gibt es auch in Russland technische Geräte mit allen Schikanen (со всеми наворотами ßafß'emi nawarotami *mit allen Aufwicklern*). Vor Begeisterung oder auch aus Ironie zitiert man gerne folgenden Werbespruch:

Техника на грани фантастики!
t'e~~ch~~nika na grani fantaßtiki
Technik an der Grenze zum Phantastischen
Technik, die begeistert!

Computer

Den Computer nennt man im Slang ganz kurz комп (komp). Manchmal hängt er sich leider auf (повис / завис pawiß / sawiß), oder er spinnt herum (глючит gl'utsch'it *halluziniert*).

Mit Hilfe des Compis kann man im Internet (инет inät) „herumkriechen" (лазить в инете lasit' w-inäti) und bei Belieben etwas aus dem Internet „herunterpumpen“, sprich herunterladen (скачать с инета ßkatsch'at' ß-inäta). Die Suchmaschine heißt kurz поисковик (paißkawik *Sucher*). Mit einem Brenner (резак risak *Schneider*) kann man Dateien (документы dakum'enty *Dokumente*) auf einen CD-Rohling (болванка balwanka *Dummerchen*) brennen (нарезать nar'esat' *daraufschneiden*).

Das Wort e-mail *wird übrigens fast immer mit lateinischen Buchstaben geschrieben. Leute, die ein bisschen besser Englisch können, sagen* i-mäjl, *die anderen sprechen das „*e*“ Russisch aus:* je-mäjl.

Freunden kann man E-Mails „hinwerfen“ (кинуть kinut'). Das @-Zeichen heißt auf Russisch in der Regel собака (ßabaka *Hund*). Theoretisch kann man heute mit allen Computern E-Mails in kyrillischer Schrift (на кирилице na-kirilizy) verschicken und lesen, aber oft klappt das dann doch nicht. Also schreibt man sie in lateinischer Schrift (на латинице nalatinizy). Dabei hat jeder sein eigenes System, die russischen Buchstaben in lateinische umzusetzen. Manchmal braucht man eine Weile, ehe man solch einen Text entziffert hat.

Natürlich gibt es in der Computersprache auch jede Menge englische Wörter: Browser bleibt браузер (brausir), Game bleibt гейм (gäjm), und Software wird zu софт (ßoft).

Handy

Noch vor wenigen Jahren ein Luxus, ist auch das Handy zum Massenartikel geworden.

Ganz offiziell heißt das Ding мобильный телефон (mabil'nyj tilifon *Mobiltelefon*). Coole Kurzformen sind мобильник (mabil'nik) und мобила (mabila). Analog zum amerikanischen cell phone sagt man сотовый (ßotawyj *Wabentelefon*) oder kurz сотовик (ßatawik). Darüber hinaus gibt es noch die Bezeichnung труба (truba *Rohr*). Mit dem Gerät kann man natürlich nicht nur telefonieren, sondern auch SMS-chen (эсэмэска äßämäßka) versenden, sprich simsen (симофорить ßimaforit'). Ganz wichtig ist, dass man die richtige SIM-Karte (симка ßimka) und immer das Ladegerät, kurz зарядка (sarishalka), dabei hat.

TV, DVD, CD ...

Zu den beliebtesten Sendungen auf dem телек (t'elik *Fernseherchen*) bzw. ящик (jaschsch'ik *Kiste*) gehören die endlosen Fernsehserien (сериал ßirial). Neben den traditionellen brasilianischen Telenovelas werden auch immer mehr russische gezeigt. Hoch im Kurs stehen auch Talkshows (ток-шоу tokschou), der Kampffilm (боевик bajiwik), der Horrorfilm (ужастик ushaßtik) und der Kriminalfilm (детектив ditiktif). Nicht nur Kinder stehen auf Trickfilme – kurz мультики (mul'tiki).

пиратская копия pиratßkaja kopija	illegale Kopie (CD/DVDs) *(Piratenkopie)*
компакт kampakt	CD (abgeleitet vom englischen compact disc)
цедешка zädäschka	CD
кассетник kaß'etnik	Kassettenrecorder
плеер pläjir	kleine, tragbare Abspielgeräte (Kassette, CD oder MP3; abgeleitet von player)

Die DVD nennt sich wie im Englischen diwidi *und wird mit lateinischen Buchstaben geschrieben. Das gilt auch für die CD* (ßidi).

Wenn man cool ist, schaltet man technische Geräte nicht ein oder aus, sondern man „hackt“ sie ein oder aus (врубить wrubit' *einhacken* bzw. вырубить wyrubit' *aushacken*). Und die Sachen funktionieren nicht, sondern sie „funzen“ (фурычить furytsch'it').

Fotografieren

фотка fotka	kurz und cool für фотография (Foto)
фоткать fotkat'	Kurzform von фотографировать (fotografieren)
щёлкнуть schsch'olknut'	knipsen *(schnipsen)*
мыльница myl'niza	billiger Fotoapparat *(Seifendose)*

Das Militär

Ein Zuckerschlecken war der Dienst in der russischen bzw. sowjetischen Armee noch nie. Unter den schwierigen ökonomischen Bedingungen der letzten Jahre hat sich die Situation noch verschärft. So gibt es z. B. oft nur zu wenig und sehr schlechtes Essen. Es besteht jederzeit die Möglichkeit, in den Krisenregionen im Kaukasus eingesetzt zu werden und dort, wenn nicht gleich das Leben, so doch die Gesundheit zu verlieren. Kein Wunder, dass viele versuchen, um den Armeedienst herumzukommen, z. B. durch Bestechung oder gefälschte ärztliche Bescheinigungen. Offiziell gibt es zwar seit einigen Jahren einen Zivildienst (альтернативная служба al'tirnatiwnaja ßlushba *alternativer Dienst*), die Auswahlkriterien sind aber überaus streng.

Mit einem Smartphone können Sie sich die Wörter, Sätze und Redewendungen dieses Kapitels anhören.

Das Schikane-System in der russischen Armee wird дедовщина (didafschsch'ina) oder дедуха (diducha) genannt, also in etwa „Großvater-System“. Denn die dienstälteren Soldaten, die man „Großvater“ (дед d'et) oder „Alter“ (старик ßtarik) nennt, wählen sich unter den Dienstanfängern (салага ßalaga) regelrechte Diener aus, die dann die unangenehmen Arbeiten für sie ausführen müssen. Diese „jungen“ Soldaten heißen auch свисток (ßwißtok *Pfeife*), дух (duch *Geist*), слон (ßlon *Elefant*) oder солобон (ßalabon). Die letzten beiden Wörter sind die Abkürzung für:

Die Schikane beim russischen Militär nimmt teilweise unglaubliche Formen an. Immer wieder werden Fälle von Folter, Mord oder Selbstmord unter den Soldaten bekannt.

солдат, любящий большие нагрузки
ßaldat, l'ub'aschsch'ij bal'schyji nagrußki
große Belastungen liebender Soldat

Скоро буду дембелем!
ßkora budu d'embilim
Bald werde ich ein „Dembel" (ein demobilisierter Soldat) sein!

Das ist dann die Zeit, wo an den Abenden akribisch am Armee-Entlassungsalbum (дембельский альбом d'embil'ßkij al'bom) gebastelt wird, das vielleicht auch mal stolz ausländischen Gästen präsentiert wird.

Noch mehr Militärjargon:

откосить / скосить от армии
atkaßit' / ßkaßit' at-armii
wegschrägen von der-Armee
sich vor dem Militärdienst drücken

шакал schakal	Offizier *(Schakal)*
нехватоз nie~~ch~~watoß	schlechte Essensversorgung *(Es-reicht-nicht-ose)*
свальняшка ßwal'n'aschka	Ausgangsgenehmigung *(Verdünnisierungspapierchen)*
самоход ßama~~ch~~ot	unerlaubtes Entfernen von der Truppe *(Selbstgang)*
губа guba	Armeeknast *(Lippe)*, eigentlich: гауптвахта (gauptwa~~ch~~ta *Hauptwache*)

Russisch in Deutschland

Offiziell leben in Deutschland mehr als drei Millionen Menschen aus der ehemaligen Sowjetunion. Die meisten sind deutschstämmige Aussiedler, andere sind jüdischer Herkunft, haben Deutsche geheiratet, arbeiten oder studieren in Deutschland.

Besonders die Russlanddeutschen haben dabei oft ein Problem mit ihrer Identität: In der Sowjetunion waren sie „die Deutschen", wurden teilweise sogar als „Faschisten" beschimpft. Jetzt, im Land ihrer Urgroßeltern, sind sie „die Russen". Auf der einen Seite bekommen sie immer wieder zu hören, dass sie sich integrieren sollen, auf der anderen Seite müssen sie erleben, dass sich die „eingeborenen" Deutschen nicht sonderlich für sie interessieren und häufig mit Befremden reagieren, wenn man sie mit einem russischen Akzent anspricht.

Aber nicht nur Deutsch sprechen viele Russen mit Akzent, auch das in Deutschland gesprochene Russisch ist anders als in Russland. Manche sprechen Russisch und Deutsch wild durcheinander:

Только купила **Sommersachen,**
как опять **kalt** стало!
tol'ka kupila Sommersachen, kak ap'at' kalt ßtala
Gerade erst habe ich mir Sommersachen gekauft, schon ist es wieder kalt geworden.

In korrektem Russisch wäre der Satz ein bisschen länger: Только купила летнюю одежду, как опять стало холодно! (tol'ka kupila l'etn'uju ad'eshdu, kak ap'at' ßtala choladna).

Die in Deutschland lebenden Russischsprachigen nennen sich oft руссаки (rußßaki *Russaken*) bzw. руссачка(W) (rußßatsch'ka *Russakin*). Viele alltägliche Dinge werden einfach auf Deutsch gesagt – natürlich mit russischem Akzent:

банхоф	Bahnhof
banehof	*russ.:* вокзал wagsal
автобан	Autobahn, *russ.:* автомагистраль
aftaban	aftamagistral'
паркплац	Parkplatz
parkplaz	*russ.:* стоянка ßtajanka
арбайтсамт	Arbeitsamt
arbajtßamt	*russ.:* биржа труда birsha truda

Manche Wörter werden einfach verkürzt oder bekommen neben der russischen Aussprache außerdem noch russische Endungen:

социал ßazyal	Sozialamt *russ.:* собес ßab'eß
анмельдоваться anm'el'dawatßa	sich anmelden *russ.:* регистрироваться / подать заявление regißtrirawatßa / padat' sajiwl'enije
шварцовать schwarzawat'	schwarz arbeiten *russ.:* работать нелегально rabotat' niligal'na
пуцать puzat'	putzen gehen *russ.:* работать уборщицей rabotat' uborschsch'izyj
штудировать schtudirawat'	studieren *russ.:* учиться / изучать utsch'itßa / isutsch'at'
шпаровать schparawat'	für etwas sparen *russ.:* копить kapit'
штрассик schtraßik	Straßenbahn *russ.:* трамвай tramwaj

Zum Teil sind völlig neue Wortkombinationen entstanden, wobei deutsche Wörter durch ähnlich klingende russische ersetzt wurden:

Я сижу на арбайтслёзах.
ja ßishu na arbajtßl'oza~~ch~~
Ich sitze auf den Arbeits-Tränen.
Ich lebe von Arbeitslosengeld.

Auch viele kleine Bindewörter haben sich in das Deutschlandrussisch eingeschlichen, zum Teil, weil es auf Russisch dafür keine richtige Entsprechung gibt, wie z. B. beim Wörtchen „doch“:

Значит, ты сегодня уже не придёшь?
– Дох, приду!
snatsch'it, ty ßiwon'a ushä n'e prid'osch – do~~ch~~, pridu
Das heißt, du kommst heute nicht mehr?
– Doch, ich komme!

In korrektes Russisch könnte das etwa so übersetzt werden:

Значит, ты сегодня уже не придёшь?
– Да нет, приду!
snatsch'it, ty ßiwon'a ushä n'e prid'osch – da n'et, pridu
Das heißt, (dass) du heute schon nicht kommst?
– Ja nein, ich komme!

Selbst deutsche Schimpfwörter wurden schon auf eine kreative Art „eingerussischt“ und der russischen Wortbildung angepasst:

Ах, мне всё по-егалу!
a~~ch~~, mn'e fß'o pa-jgalu
Ach, mir ist alles egal!

Ну что ты хочешь? Шайс по-егалу!
nu schto ty ~~ch~~otsch'isch? – schajß pa-jgalu
Na, was willst du denn? Ist doch scheißegal!

Lernen & Büffeln

Lustig ist das Leben in den Studentenwohnheimen ... zumindest, wenn nicht gerade Prüfungszeit ist:

От сессии до сессии живут студенты весело!
at-ß'eßßii da-ß'eßßii shywut ßtud'enty w'eßila
Von Prüfungszeit zu Prüfungszeit leben Studenten lustig!

Zweimal im Jahr, gegen Ende des jeweiligen Semesters, beginnen alle zu büffeln (зубрить subrit') und zu bimsen (долбить dalbit' bzw. долбать dalbat' *meißeln*). Kurzfristiges Büffeln hat jedoch oft keinen anhaltenden Lerneffekt:

Зазубрил, сдал, забыл...
sasubril, sdal, sabyl
Auswendig gebüffelt, Prüfung bestanden – und vergessen ...

Bei der Unmenge von Prüfungen, die russische Studierende pro Semester ablegen müssen, nicht durchzurauschen (провалиться prawalitßa), ist ohne einen Spickzettel (шпаргалка schpargalka, abgeleitet von dem polnischen Wort szpargały *alte Papiere* bzw. шпоры schpory *Sporen*) oftmals kaum möglich. Ein wie eine Ziehharmonika gefalteter Spicker ist eine гармошка (garmoschka *Harmonika*). Für einen Bomben-Spicker бомба (bomba *Bombe*) wird zu

Mit einem Smartphone können Sie sich die Wörter, Sätze und Redewendungen dieses Kapitels anhören.

jeder möglichen Prüfungsfrage eine genaue Antwort auf je einem Blatt Papier vorbereitet. Diese werden an die Innenseite des Jackets geheftet, und dann muss man nur geschickt genug sein, das richtige Blatt herauszuholen.

Hat man dann doch nicht alle Prüfungen des Semesters bestanden (oder ist gar nicht erst hingegangen) und darf trotzdem weiterstudieren, muss man zusehen, dass man schleunigst die Versäumnisse (хвосты ~~ch~~waßty *Schwänze*) aufholt.

технарь ti~~ch~~nar'	Berufsschule, kurz für техникум t'e~~ch~~nikum
универ uniw'er	Uni(versität)
фак fak	Fakultät, kurz für факультет fakul't'et
пара para	Doppelstunde, Uni-Veranstaltung *(Paar)*
препод pripot	Hochschullehrer/-in, kurz (meist abwertend) für преподаватель pripadawatil'
училка utsch'ilka	Lehrerin, abwertend für учительница utsch'itil'niza
общага apschsch'aga	Wohnheim, kurz für общежитие apschsch'ishytiji
коменда kam'enda	Wohnheimleiterin, abwertend für комендант kamindant
зубрила subrila	Büffler / Streber
заучка sautsch'ka	Streber (Person, die alles auswendig lernt)

двоечник(M) / двоечница(W)
dwoisch'nik / dwoisch'niza
Sechserkandidat/-in, von двойка „zwei", der schlechtesten Note im russischen Schulsystem

Lauter abgefahrene Typen

Folgende Wörter bedeuten nichts anderes als „Typ", „Macker", „Kerl" oder „Kumpel": пацан(M) (pazan), чувак(M) (tsch'uwak), кекс(M) (k'ekß *Keks*), кент(M) (k'ent), кореш(M) (korisch) bzw. in der Mehrzahl кореша (karischa), sowie чел (tsch'el). Die weiblichen Formen dieser Wörter (z. B. чувиха(W) tsch'uwi~~eh~~a, пацанка(W) pazanka, кексиха(W) k'ekßi~~eh~~a oder кентиха(W) kinti~~eh~~a) werden seltener gebraucht und sind nicht mehr neutral-cool, sondern etwas verrucht.

Чел *ist die Kurzform von* человек tsch'ilaw'ek *Mensch.*

Dann gibt es die Vertreter jugendlicher Subkulturen wie z. B. die Hippies (хиппи chipi, хипарь chipar' oder хипан chipan), die eine lange Matte (патлы patly) auf dem Kopf haben. Eine ähnliche Haarfrisur haben auch Rocker (рокер rokir) und Metal-Fans (металлист mitalißt oder металлёр mital'or). Nicht immer haben Punks (панк pank, панкер pankir oder пункер punkir) einen Irokesen-Haarschnitt (ирокез ira-k'eß). Rapper heißen рэпер (räpir).

Ist man Fan einer bestimmten Musikgruppe, so ist man ein фанат (fanat *Fanatiker*), фан (fan *Fan*), фэнтон (fänton) oder auch торчок (tartsch'ok *Absteher / Abfeierer*).

Partys, Diskos & Musik

Beliebte Treffpunkte für russische Jugendliche sind Parks oder die Bänke vor den Hauseingängen (im Winter die Hauseingänge selbst).

Wo können russische Jugendliche abhängen (повисать pawißat'oder отвисать atwißat'), sich mit ihrer Clique treffen (тусоваться tußawatßa, von тусовка tußofka *Clique*) und die Zeit cool rumbringen (торчать tartsch'at' *abstehen*)? In fast jedem Dorf gibt es eine Disko (дискотека dißkat'eka), und in den Großstädten entstehen immer mehr Klubs (клуб klup), in denen es auch Livemusik (живая музыка shywaja musyka) gibt. Weil das oftmals sehr teuer ist, veranstaltet man häufig Partys (вечеринка witsch'irinka oder modern auch пати pati) zu Hause.

Was typische russische Diskos von typisch deutschen unterscheidet: In Russland werden die Musikblocks von Spielen oder Showdarstellungen zur Animation des Publikums unterbrochen.

Wenn gefeiert wird, dann will man das auch richtig machen – auf Russisch sagt man „sich erholen" (отдохнуть addachnut') oder „entspannen" (расслабиться raßßlabitßa). Man will den Alltag loswerden und irgendwohin abheben (оторваться atarwatßa *sich losreißen*), einen drauf machen und wild rumfeiern (колбаситься kalbaßitßa *sich wursten* oder беситься bißitßa *herumwüten*). Wenn die Musik gut ist, kann man dazu auch gut abrocken und den Körper auf der Tanzfläche (танцпол tanzpol) durchschütteln (оттягиваться att'agiwatßa *sich ausstrecken* oder размяться raßm'atßa *sich auseinanderfalten*). Damit die Leute in den Diskos zueinander finden, gibt es in regelmäßigen Abständen schön langsame Schmuselieder (медленный танец m'edlinnyj taniz *langsamer Tanz*). Über eine gute Party mit allem was dazu gehört sagt man:

Танцы, шманцы, обниманцы ...
tanzy, schmanzy, abnimanzy
Tänze, Schmänze, und Umarmiränze ...

Was für Musik (музыка musyka, oder cool: музон muson *Mucke*) wird in Russland so gespielt? Dieselbe wie auch in der übrigen Welt: Rap (рэп räp oder рэпак räpak), Hip Hop (хип хоп chip-~~ch~~op), Hard Rock (хард рок ~~ch~~ard-rok) oder Reggae (регги r'egi). Vielen Bands gelingt es nicht, richtig bekannt zu werden (раскрутиться raßkrutitßa *sich aufwickeln*). Sie werden nur von einem begrenzten Publikum gehört, es bleibt Underground-Musik (андаграундная музыка andagraundnaja musyka). Wenn eine Band nicht einmal die Möglichkeit hat, als Vor-Band (для разогрева dl'a rasagr'ewa *zum Anheizen*) in einem Klub aufzutreten, veranstaltet sie vielleicht ein Konzert in einer Wohnung (квартирник kwartirnik *Wohnungs-Gig*).

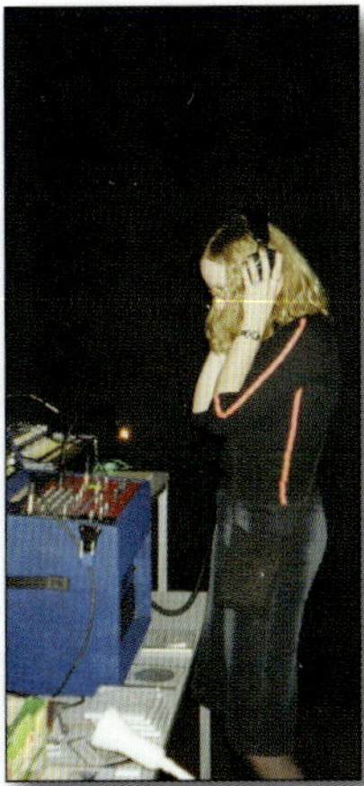

Die beherrschende Musikrichtung im Radio und in den meisten Diskos ist Pop(musik) попса (papßa); dieses Wort wird oft abwertend gebraucht. Eine weitere Stilrichtung, die immer populärer wird, ist русский шансон (rußßkij schanßon *russischer Chanson*).

Bei русский шансон *handelt es sich um eine neue, etwas feinere Bezeichnung für verpoppte traditionelle „Verbrecherlieder" (siehe Kapitel „Verbrecherslang").*

Spielt eine Band Playback statt live (живьём shyw'jom), nennt man das abwertend играть под фанеру (igrat' pat-fan'eru *zum Furnier spielen*) – Wortspielerei auf под фонограмму (pat-fanagrammu *zu einer Schallplattenaufnahme*).

Musiker, die von Klub zu Klub oder von Restaurant zu Restaurant ziehen, werden abwertend als лабух (labuch) bezeichnet, was man vielleicht mit „Klimperheini" übersetzen kann. Auf einem Instrument „rumschrammeln" heißt entsprechend лабать (labat') oder auch бацать (bazat' *„Batz" machen*). Eine häufige Bitte an Leute, die ein Instrument spielen können, ist:

Ну, давай, сбацай что-нибудь!
nu, dawaj, sbazaj schtonibut'
Na los, klimper mal was!

Alkohol und die Folgen

Wodka heißt übrigens wörtlich übersetzt „Wässerchen".

Tatsächlich wird in Russland viel getrunken. Um nicht in schlimme Situationen zu kommen, sollte man sich stets klarmachen, wie und was man trinkt. Beim Genuss von Selbstgebranntem (самогон ßamagon oder самогонка ßamagonka) ist Vorsicht angebracht. Man sollte nicht nur Wodka trinken, sondern auch etwas zum „Nachtrinken" haben (запивать sapiwat' *nachtrinken* oder запивон sapiwon *Nachgetränk*) – am besten Wasser oder Saft. Wenn man hingegen nach dem folgenden Trinkerspruch handelt, sind Kopfschmerzen vorprogrammiert:

Пиво без водки – деньги на ветер!
piwa b'es wotki – d'en'gi na-w'etir
Bier ohne Wodka ist rausgeschmissenes Geld!

Neben dem „Nachtrinken" ist es wichtig, auch noch etwas „nachzuessen" (закусить sakußit' *nachessen* oder закуска sakußka *Nachimbiss*). Dazu gehören traditionell saure Gurken, Brot, roher Speck, Zwiebeln ... Eben einen Snack oder ein „Fresserchen" (хавчик chaftsch'ik, жратва shratwa oder жрачка shratsch'ka *Fressen*). Zu den Trinkritualen gehört auch, dass man möglichst individuelle, witzige oder nachdenkliche Trinksprüche ausbringt (тост toßt *Toast*). Der kürzeste ist „Auf die Gesundheit" (за здоровье sa-sdarow'ji). Fallen einem keine Trinksprüche mehr ein, sagt man vor der nächsten Runde einfach:

Поехали!
pajechali
Fahren wir los!
Los, weiter geht's!

Wodka trinken geht am besten zu dritt. Wer noch zwei Mittrinker sucht, legt drei gespreizte Finger an die Jacke. Das ganze nennt man сообразить на троих (ßaabrasit' na traich *sich-klar-werden zu dritt*).

Natürlich werden auch noch alle möglichen anderen Alkoholika getrunken, allen voran Bierchen (пивко pifko) und Weinchen (винцо winzo). Viele Alkoholiker trinken aus Kostengründen keinen Wodka, sondern einen billigen, starken Schädelspalter-Wein (чернило tsch'irnila *Tinte*). Die Alkis selbst nennt man пьяница (p'janiza *Trinker*) , алкоголик (alkagolik

Eine verbreitete Geste, wenn es im Gespräch um das Thema „Saufen" geht, ist mit dem Zeigefinger an den Hals zu schnipsen. Je nach Situation kann das bedeuten „Lass uns was trinken gehen!" oder „Der war besoffen", oder „Was haben wir gesoffen." usw.

Alkoholiker), алкаш (alkasch *Alki*), бухло (buchlo *Säufer*), бухарик (bucharik *Säufer*), пьянюга (p'ji-n'uga *Säufer*) oder синюга (ßin'uga *Blauer*).

Will man nicht zu Hause oder auf der Straße trinken, geht man in eher billige Kneipen (кабак kabak *Kneipe*, забегаловка sabigalofka *da, wo man reinrennt, um mal schnell einen zu heben* oder пивнушка piwnuschka *Bierhüttchen*) oder in eine Cafeteria (кафетерий kafit'erij). Die etwas besseren Etablissments – gute Kneipen (бар bar), Cafés (кафе kaf'e oder кафешка kaf'eschka) oder gar teure Restaurants sind für einfache Leute meist zu teuer.

Eine kleine Liste von Wörtern, die allesamt „saufen", „sich zulöten", „sich volllaufen lassen", „sich abschießen" usw. bedeuten:

пьянствовать	p'janßtwawat'	*sich betrinken*
бухать	buchat'	*krachen*
газовать	gasawat'	*gasen*
нажраться	nashratßa	*sich vollfressen*
наклюкаться	nakl'ukatßa	*sich vollgluckern*
назюзюкаться	nas'us'ukatßa	*sich zuseiern*
наесться	najeßtßa	*sich satt essen*
натрескаться	natr'eßkatßa	*sich vollkrachen*
вмазать	wmasat'	*einschmieren*

Kommt man erst später zu einer Saufrunde (пьянка p'janka) dazu, passen die Kumpels meist auf, dass man sie auch ja einholt (догнать dagnat') und gießen einem eine extra Strafportion ein (штрафная schtrafnaja). Man ist dann betrunken, beschwipst, besoffen usw:

пьяный	p'janyj	betrunken
под градусом	pad-gradußam	*(unter dem Grad)*
под мухой	pad-mu~~ch~~aj	beschwipst *(unter der Fliege)*
синий	ßinij	blau
бухой	bu~~ch~~oj	besoffen
в доску пьян	w-doßku p'jan	stockbesoffen (*in das Brett betrunken*)
отключка	atkl'utsch'ka	Filmriss
похмелье	pa~~ch~~m'el'ji	Kater
бодун	badun	Kater
опохмелиться	apa~~ch~~militßa	Kater vertreiben

Es nennt sich „unter dem Grad", da man auf Russisch über die Alkoholprozente nicht als Prozente, sondern als „Grad" spricht.

Am besten vertreibt man einen Kater mit рассол (raßol), dem Wasser, in dem die Gurken eingelegt waren, die man gestern gegessen hat ... Zum Kater gehört auch, dass einem der Mund austrocknet (сушняк давит ßuschn'ak dawit *der Trockene drückt*). Viele Alkoholiker sehen ihre Rettung nur noch darin, sich hypnotisieren oder beschwören zu lassen (закодироваться sakadirawatßa *sich kodieren lassen*).

Rauchen & Drogen

Für viele Jugendliche ist die Qualmerei schick – und so sind russische Diskos so zugequalmt, dass es in den Augen brennt (накурено до рези nakurina da-r'esi *verraucht bis zum Schneiden*), am Ende der Party ist der Boden übersät mit Kippen (бычок bytsch'ok *Stierlein*). Lässt sich das Gequalme doch auch wunderbar dazu nutzen, neue Kontakte zu knüpfen, z. B. beim Zigarettenschnorren (стрельнуть сигареты ßtrel'nut' ßigar'ety *Zigaretten schießen*). Wesentlich häufiger als in Deutschland wird man angehauen:

У тя не будет закурить?
u-t'a n'e budit sakurit'
Bei dir wird kein Anrauchen sein?
Haste mal 'ne Kippe?

Leute, die sich die bekannten westlichen Marken nicht leisten können, rauchen Selbstgedrehte (самокрутка ßamakrutka) aus billigem, vielleicht selbst angebautem Tabak.

Papierosy (папиросы papiroßy) sind auch sehr billig, werden aber auch aus Kultgründen geraucht, speziell die Marke *Belomorkanal* (Беломорканал bilamorkanal *Weißmeerkanal*).

Kiffer rauchen gern *Belomorkanal,* weil sich der Tabak so schön herausklopfen und mit Gras vermischt wieder in die Hülse hineinstopfen lässt.

illegale Drogen

Gras nennt sich трава (trawa) oder травка (trafka). Haschisch bzw. Dope nennt man гашиш (gaschysch), план (plan), шмаль (schmal') oder анаша (anascha). Dreht man sich einen Joint, nennt sich das забивать косяк (sabiwat' kaß'ak *einen Türfosten ausstopfen*). Dann kann man kiffen: дуть (dut' *blasen*). Hat einer den brennenden Teil des Joints im Mund und die anderen ziehen daran, nennt man das „Dampflok rauchen“: паровоз (parawoß *Dampflok*). Ein nützliches Utensil ist die Wasserpfeife: бурбулятор (burbul'atar *Blubberer*).

Achtung: In Russland wird der Besitz und Gebrauch sämtlicher illegaler Drogen sehr streng verfolgt und bestraft.

Fängt das Zeug an zu wirken, und man kommt richtig gut drauf, heißt das балдеть (bald'et' *hämmern*), тащиться (taschsch'itßa *sich ziehen*), ловить кайф (lawit' kajf *einen Rausch fangen*) oder кайфавать (kajfawat' *sich berauschen*). Diese Ausdrücke werden auch allgemein im Sinne von „Ich habe 'ne tolle Zeit!“ oder „Mir geht's super!“ verwendet. Bei folgenden Ausdrücken geht es um die Wirkung von Drogen:

Ловить кайф *und* кайфавать *leiten sich ab von dem türkischen (ursprünglich arabischen) Wort* keyif *„Entspannung“.*

Меня торкнуло!
min'a torknula
Mich hat es gestoßen!
Ich bin stoned!

Его глючит!
jiwo gl'utsch'it
Ihn halluziniert es!
Der ist auf'm Trip!

Её припёрло!
jijo prip'orla
Sie hat es herangeführt!
Die ist jetzt drauf!

Отличные шишки!
atlitsch'nyji schyschki
Ausgezeichnete Tannenzapfen!
Super Buds *(Grasblüten)*!

Это лекарство меня не прёт!
äta likarßtwa min'a n'e pr'ot
Dieses Medikament geht mich nicht!
Dieses Zeug turnt bei mir nicht!

Nicht illegal, aber trotzdem sehr heftig ist ein Gebräu, das чифир (tsch'ifir) *genannt wird. Das ist ein superstarker Teeaufguss (ca. 50 g Tee auf ein Glas Wasser), der einen lange wach hält. Ergo kann man lange feiern, arbeiten oder einfach nur rumflippen ...*

Она ловит глюки!
ana lowit gl'uki
Sie fängt Hallus.

Она смотрит мультики!
ana ßmotrit mul'tiki
Sie sieht Trickfilme.

Beides: Die fährt Filme!

Folgendes kommt nicht nur bei Drogengebrauch vor, sondern auch wenn man einfach nur dringend etwas futtern muss:

Меня на хавчик пробило!
min'a na-~~ch~~aftsch'ik prabila
Mich hat es auf das Fresserchen geschlagen.
Ich hab 'nen Fressflash!

Den Drogensüchtigen nennt man наркоман (narkaman) oder kurz нарк (nark). Einen vollkommen fertigen Typen bezeichnet man als обдолбанный (abdolbannyj *Ausgehöhlter*) oder конченный (kontsch'innyj *Beendeter*).

Den Stoff, das Zeug bzw. Drogen aller Art nennt man наркотик (narkotik *Droge*), нарка (narka), наркота (narkata), дрянь (dr'an' *Mistzeug*), дурь (dur' *Blödmachzeug*), товар (tawar *Ware*) oder лекарство (likarßtwa *Medikament*). Konkret gibt es die üblichen illegalen Drogen wie LSD (кислота kißlata *Säure*), Tabletten wie Ecstasy oder Speed (колёсики kal'oßiki *Räderchen*), Koks (насморк naßmark *Schnupfen*), Ephedrin oder

Morphium (джеф dshäf) sowie Heroin (шняга schn'aga *Schwanz*). Für Letzeres spricht man von „fixen" (шпряться schyr'atßa *sich verbreitern*) oder „an der Nadel hängen" (сидеть на героине ßid'et' na-giraini *auf Heroin sitzen* bzw. сидеть на игле ßid'et' na-igl'e *auf der Nadel sitzen*).

Bekommt man den Stoff nicht rechtzeitig oder hört auf, leidet man an Cold Turkey bzw. Entzugserscheinungen: ломка (lomka *Gliederreißen*), ломота (lamata *Gliederreißen*), тоска (taßka *Sehnsucht*) oder тряска (tr'aßka *Zerreißen*).

Она завязала с наркотиками.
ana sawisala ß-narkotikami
Sie (hat) festgebunden mit Drogen.
Sie ist runter von den Drogen.

Он бросил курить / пить / дуть траву.
on broßil kurit' / pit' / dut' trawu.
Er hat das Rauchen / Trinken / Kiffen weggeworfen.
Er hat mit dem Rauchen / Trinken / Kiffen aufgehört.

Das Klo

Für so manchen Touristen sind die öffentlichen Toiletten in Russland ein Problem. Sie bestehen meistens aus einem Loch, wo man sich darüberhockt und dann sein Geschäft verrichtet. Das ist ja eigentlich auch viel hygienischer, aber eben gewöhnungsbedürftig –

besonders wenn man keine gut entwickelte Beinmuskulatur hat.

Öffentliche Klos erkennt man an der Aufschrift туалет (tual'et *Toilette*) oder an den Buchstaben М (für мужской туалет muschßkoj tual'et *Männertoilette*) und Ж (für женский туалет shänßkij tual'et *Frauentoilette*). Aus diesen Buchstaben wurde die Verballhornung эмжо (ämsho) abgeleitet, vielleicht übersetzbar mit „Null-Null". Weitere Begriffe sind:

Параша kommt aus der Gefängnissprache und bezeichnet ursprünglich den Kackeimer in der Zelle.

сортир	ßartir	Lokus (von frz. sortir *herausgehen*)
нужник	nushnik	Örtchen (von нужно *müssen*)
очко	atsch'ko	Loch
параша	paraschа	Kackhaus
моча	matsch'a	Urin
мочиться	matsch'itßa	urinieren
писать	pißat'	pinkeln / pullern
писуны	pißuny	Pipi / Pisse
сикать	ßikat'	schiffen
ссать	ßßat'	pissen
сцать	zzat'	pissen

Мне срочно нужно отлить!
mn'e ßrotsch'na nushna atlit'
Ich muss mal ganz dringend abgießen!

Мне нужно по-большому / по-маленькому!
mn'e nushna pa-bal'schomu / pa-malin'kamu
Ich muss mal groß / klein!

испражняться	isprashn'atßa	Stuhlgang haben
какать	kakat'	kacken
срать	ßrat'	scheißen
обосраться	abaßratßa	sich vollscheißen
кака	kaka	Kacke
дерьмо	dir'mo	Kacke
говно	gawno	Scheiße

Man kennt auch den „flotten Otto“ (медвежья болезнь midw'esh'ja bal'esn' *die Bärenkrankheit*) oder дристать (drißtat' *Dünnschiss haben*).

пукать	pukat'	pupsen
пуки	puki	Pupse
пердеть	pird'et'	furzen
пердуны	pirduny	Furze
выпердыш	wypirdysch	Furz
бздеть	bsd'et'	leise furzen
бздины	bsdiny	leise Furze

Его пронесло / просвистало!
jiwo pranißlo / praßwißtala
Ihn (hat's) durchgezogen / durchgepfiffen!
Er hat Dünnpfiff!

Ein пердун pirdun *ist eine „furzende Person“.*

Фу, как здесь шмонит!
fu, kak sd'eß' schmanit
Pfui Teufel, wie es hier muffelt!

Statt „Pfui!“ als Ausdruck des Ekels gibt es Тфу! (tfu), Фу! (fu) *oder* Фе! (fje).

Боже, какой здесь шмон стоит!
boshy, kakoj sd'eß' schmon ßtait
Oh Gott, was hier für ein Muff steht!
Mein Gott, was ist hier für ein Mordsgestank!

Neureiche, Penner & andere Typen

Bevor es so richtig beleidigend wird, wollen wir uns erst einmal anschauen, was es alles für komische Typen gibt.

spezielle Typen

Совок bedeutet aber auch „Kehrblech".

Leute, die nostalgisch den sowjetischen Zeiten hinterherhängen und auch sonst in ihrem ganzen Denken und Handeln in der sowjetischen Zeit stecken geblieben sind, nennt man verächtlich совок (ßawok; abgeleitet von советский человек ßaw'etßkij tsch'ilaw'ek *Sowjetmensch*).

Die „neuen Russen" (новые русские nowyji rußkiji) gibt es erst seit Anfang der 1990er Jahre. In den damaligen chaotischen Zeiten sind diese Leute durch dunkle, mafiöse Geschäfte in kürzester Zeit zu teilweise sehr viel Geld gekommen. Deshalb werden sie manchmal нувориш (nuwarisch; von Französisch nouveau riche *Neureicher*) genannt. Ein weiterer Ausdruck für diese Typen ist крутые (krutyji *Steile*).

Круто (kruta) kann aber auch „cool" bedeuten.

Aus unzähligen, natürlich sehr klischeehaften Witzen erfahren wir, dass der typische „neue Russe" rumprotzt, wo er nur kann, ein dickes Auto mit verdunkelten Scheiben fährt, und nicht gerade mit Intelligenz gesegnet ist. Eine typische Geste der Neuen soll sein, dass sie die Finger gespreizt halten, damit man die teuren Ringe besser sieht (пальчики веером pal'tsch'iki w'ejiram *die Fingerchen in Fächerform*).

Leute mit oftmals kurzgeschorenen Haaren, die in den öden Wohnvierteln, den sogenannten „Schlafbezirken“ auf der Straße herumlungern, immer auf der Lauer nach einer Schlägerei, heißen гопники (gopniki) oder гопата (gapata). Andere Bezeichnungen für gewalttätige, abhängende Jugendliche sind отморозок (atmarosak *Abgefrorener*) oder отмороженный (atmaroshynnyj *Abgefrorener*) und подонок (padonak *Abschaum*). Der Chef einer Jugendbande in einem solchen Viertel ist der громило района (gramila rajona *Donnermacher des Bezirks*). Einer der sich irgendwo eingeschlichen hat, der irgendwo nicht hineinpasst bzw. ein falscher Fuffziger ist, wird левый (l'ewyj *Linker*) genannt.

Angeblich ist гоп *die Abkürzung für* городское общество паразитов garatßkoji obschsch'ißtwa parasitaf *„städtischer Parasitenverein“.*

Nichtskönner & Penner

Für diese Typisierung bieten sich folgende Beschimpfungen an: неумеха (nium'echa *Nichtskönner*), тормоз (tormaß *Bremse;* im Sinne von „Schlafmütze / Penner“), лох (loch *Penner / Nichtchecker / Idiot*), чмо (tsch'mo Blödmann / Arschloch / Penner). Ein anderes Wort für Blödmann oder Asi ist жлоб (shlop). Meint man vor allem Asi, Arschloch oder Penner, kann man бич (bitsch') sagen. Einen begriffsstutzigen Heini oder Blitzmerker bezeichnet man als бестолочь (b'eßtalatsch'). Einer, der es nicht geregelt kriegt, ist ein лопух (lapuch *Klette*), und einer, der nichts auf die Reihe kriegt, ist ein некудышный (nikudyschnyj *Nir-*

Бич *soll aus dem englischen Seemannsjargon kommen:* to beach *„Landgang haben, nichts zu tun haben“. Scherzhaft wird aber auch oft erklärt, das Wort sei die Abkürzung für* бывший интеллигентный человек – *„ehemals intelligenter Mensch“.*

gendwohin-Mensch). Deftigter wird es mit Beschimpfungen wie пиздабол (pisdabol *Fotzenpendler*), was man vielleicht mit „abgefuckter Blödarsch“ übersetzen könnte, oder aber mit распиздяй (raßpisd'aj *Rumfotzer*), das man am ehesten mit „verfickter Nichtskönner“ übersetzt.

gemeine Typen

Beschimpfungen, die nur für Männer gebraucht werden, sind mit (M) gekennzeichnet; die für Frauen mit (W).

Mancher Typ ist einfach hundsgemein und niederträchtig. Man beschimpft so einen als „niederträchtiges Schwein“ (паскуда paßkuda oder паскудняк paßkudn'ak). Ein fieses, gemeines Weib ist hingegen стерва(W) (ßt'erwa) oder стервозная(W) (ßtirwosnaja). Man kennt natürlich auch die „gemeine Sau“ (падла padla) oder das „Aas“ (падаль padal').

allerlei andere Typen

кадр	kadr	schräger Vogel *(Kader)*
бугай	bugaj	Muskelpaket
децел	d'ezyl	Winzling
сволочь	ßwolatsch'	Lump
урод	urot	Missgeburt
ублюдок	ubl'udak	Bastard
зануда	sanuda	unausstehlicher Langweiler
мымра(W)	mymra	langweilige, ordinäre Ziege
зараза	sarasa	Pestbeule (*ansteckende Krankheit*)

паршивец(M)	parschywiz	räudige Type
паршивка(W)	parschyfka	räudige Type
засранец(M)	saßraniz	Scheißer
гнус(M)	gnuß	fiese Type
говнюк(M)	gawn'uk	Scheißer
шлюха(W)	schl'ueha	Nutte (*Herumtreiberin*)
шлюшка(W)	schl'uschka	Nutte (*Herumtreiberin*)

Idioten

болбес	balb'eß	Blödmann
болван	balwan	Dummkopf (*Hackklotz*)
болда	balda	Tölpel (*großer Hammer*)
дурачок(M)	duratsch'ok	Dummerchen
дурочка(W)	duratsch'ka	Dummerchen
дурак(M)	durak	Idiot
дура(W)	dura	Idiotin
придурок	pridurak	gemeiner Blödmann
идиот	idiot	Idiot
дебил	dibil	debiler Typ

Hund, Schwein & Co.

Dem Tierreich entnommen sind die folgenden, allesamt sehr heftigen Beschimpfungen:

скотина	ßkatina	Vieh
обезьяна	abis'jana	Affe
свинья	ßwin'ja	Schwein

собака	ßabaka	Hund
сука / суча	ßuka / ßutsch'a	Hündin
сукин сын	ßukin ßyn	Hundesohn (*Sohn einer Hündin*)
козёл	kas'ol	Esel (*Ziegenbock*)

ethnische Gruppen

Die Leiden, die die Menschen in der Sowjetunion während des Zweiten Weltkrieges durch die Deutschen erfahren haben, sind nicht vergessen, und damit auch nicht das zu Kriegszeiten entstandene Schimpfwort für Deutsche: „Fritz“ (Фриц friz).

Gott sei Dank wird Фриц *immer häufiger einfach scherzhaft verwendet.*

Die heute immer unbeliebter werdenden US-Amerikaner nennt man америкосы (amirikoßy *Amis*). Die Polen werden wegen ihrer zischenden Sprache oftmals пшеки (pscheki *„psch“-Typen*) genannt. Ein лабас (labaß) ist ein Litauer, denn auf Litauisch beginnen die Begrüßungen mit Labas „Guten ...“.

Jahrhunderte alt ist die Abneigung national eingestellter Ukrainer und Weißrussen gegenüber den Russen, und so haben sie für diese das Wort москали (maßkali *aus Moskau Stammende*). Die Russen wiederum nennen einen Ukrainer abwertend хохол (ehaehol). Ebenfalls zumeist abwertend gebraucht wird бульбаши (bul'baschy *Kartoffelfresser*) für die Weißrussen.

Москали *nannte man einst die unbeliebten Militärwerber, die in den Randgebieten des Imperiums Rekruten für die Armee regelrecht entführten.*

Rassismus und Antisemitismus waren zu sowjetischen Zeiten immer latent vorhanden, seit den 1990er Jahren nehmen sie in Russland jedoch immer erschreckendere Ausmaße an. Heute eindeutig antisemitisch ist die Bezeichnung жид (shyt) für „Jude“. Das neutrale Wort für Jude ist hingegen еврей (jiwr'ej).

Die Menschen aus den ehemaligen asiatischen Sowjetrepubliken und dem Kaukasus bezeichnet man verächtlich als какие-то нерусские (kakiji-ta nirußßkiji *irgendwelche Nichtrussen*). Wegen ihrer dunkleren Hautfarbe werden sie auch чёрные (tsch'ornyji *Schwarze*) genannt, und aufgrund ihrer asiatischen Gesichtszüge „Schlitzaugen“ (чурки tsch'urki *Blinzler*). Andere Bezeichnungen sind мамлюк (maml'uk *Kaste von Kriegersklaven im islamischen Ägypten, in der viele Kaukasier waren*), урюк (ur'uk *Dörraprikose*), хачик (~~ch~~atsch'ik *verbreiteter armenischer Vorname*) und бабай (babaj *aus dem Tatarischen: „Großvater“*).

Хохол (~~ch~~a~~ch~~ol, *Mehrzahl:* хохлы ~~ch~~a~~ch~~ly) *war einst die Bezeichnung des für die ukrainischen Kosaken typischen Zöpfchens auf dem ansonsten kahlgeschorenen Kopf.*

Die „Mutterflüche“

Man kann russische Schimpfwörter nicht richtig verstehen, ohne sich mit einer ganz besonders pikanten Sorte von Schimpfwörtern, den sogenannten „Mutterflüchen“ bzw. „Mat“-Ausdrücken (мат mat), etwas näher beschäftigt zu haben. Einerseits sind diese Ausdrücke sehr stark tabuisiert, weshalb sie in die нецензурная, ненормативная лексика (nizynsurnaja, n'enarmatiwnaja l'ekßika) fallen, den von der Zensur nicht zugelassenen, nicht norm-

Dieses Kapitel soll nur dazu dienen, das Hörverstehen zu verbessern. Auf keinen Fall sollte man die mit • oder •• gekennzeichneten Wörter und Wendungen jemals selbst aussprechen!!!

gerechten Wortschatz. Andererseits kennen und verstehen alle diese Ausdrücke.

In den letzten Jahren haben sich „Mat“-Ausdrücke immer weiter verbreitet. Die Texte einiger beliebter Rockbands (wie z. B. „Leningrad“) sind mit einer gehörigen Portion davon gewürzt. „Mat“-Ausdrücke zu verwenden, ist bei vielen Jugendlichen angesagt. Sie bezeichnen die Ausdrücke auch etwas cooler als матюги (mat'ugi). „Mat“-Ausdrücke zu gebrauchen, nennt sich материться (matiritßa), матюкаться (mat'ukatßa) oder матюгаться (mat'ugatßa). Mit „Mat“-Ausdrücken schimpfen nennt man ругаться матом (rugatßa matam) oder обложить матюгами (ablashyt' mat'ugami *mit „Mat“-Wörtern belegen*).

In der Literatur werden „Mat“-Ausdrücke schon lange verwendet, aber erst jetzt wird solche Literatur auch offiziell veröffentlicht. Die immer stärkere Verbreitung dieser Ausdrücke ruft natürlich die Hüter der Moral auf den Plan: Ein Gebietsgouverneur wollte die Mutterflüche schlichtweg verbieten, und im Fernsehen werden Spots gezeigt, die zur Reinhaltung der Sprache aufrufen.

Ich fand in einem Internetcafé den Hinweis: „Bei Benutzung von nicht von der Zensur zugelassenen Ausdrücken und nicht normgerechter Lexik werden als Strafe zehn Minuten der Computernutzungszeit abgezogen.“

Als Faustregel gilt, dass Männer „Mat“-Ausdrücke häufiger verwenden als Frauen (vor allem, wenn sie unter sich sind). Außerdem gilt auch, dass weniger gebildete Menschen diese Ausdrücke deutlich mehr benutzen als höher Gebildete. Andererseits ist von vielen hochgebildeten Menschen wie z. B. Puschkin oder Solshenyzin bekannt, dass sie sich nicht nur im Alltag dieser obszönen Wörter bedienten, sondern auch in (meist nicht veröffentlichten) literarischen Werken. Bisweilen kommen sogar Professorinnen in Situationen, in denen sie sich nur noch mit Hilfe eines „Mutterfluches“ Luft machen können.

Nicht hundertprozentig geklärt ist die Herkunft der Wörter. Weit verbreitet ist die Annahme, dass diese Ausdrücke aus dem Tatarischen stammen. Dagegen sprechen neuere sprachwissenschaftliche Forschungen und der Umstand, dass es diese oder ähnliche Ausdrücke auch in den meisten anderen slawischen Sprachen gibt.

Einige Forscher führen den Ursprung der „Mat“-Ausdrücke auf uralte heidnische Männlichkeitsrituale zurück.

Die meisten „Mat“-Ausdrücke werden aus den folgenden vier Grundwörtern gebildet, die nachfolgend einzeln erläutert werden:

ебать	jib<u>a</u>t’	ficken
блядь	bl’at’	Nutte
хуй	~~ch~~uj	Schwanz
пизда	pisd<u>a</u>	Fotze

„Ficken“

Ёб твою мать!
jop twaj<u>u</u> mat’
Fick deine Mutter!

Von diesem wohl „populärsten“ Ausdruck kommt wahrscheinlich auch der Begriff „Mat“ (Mutterfluch).

Etwas entschärft wird der Ausdruck, wenn man ihn verkürzt, aber auch dann ist er immer noch sehr beleidigend. Dann wird das „Fick deine ...!“ einfach nur mitgedacht:

Твою мать!	Мать!
twaju mat'	mat'
Deine Mutter!	Mutter!

Die weiteren Variationen haben allesamt mit der eigentlichen Bedeutung „ficken“ überhaupt nichts mehr zu tun. Заебись! (sajibiß' *Fick dich!*) bedeutet einfach nur „Geil!“. Dann gibt es noch den folgenden Satz:

Заебало меня всё!
sajibala min'a fß'o
Es fickte mich alles!
Das kotzt mich alles an!

Auch hier gibt es wieder eine Möglichkeit, das Ganze etwas weniger grob zu sagen:

Заколебало меня всё!
sakalibala min'a fß'o
Es schüttelte mich alles!
Das ödet mich alles an!

Noch eine weitere Variante: Das Wort выёбываться (wyjobywatßa *sich herausficken*) bedeutet „sich über irgendetwas künstlich aufregen“ bzw. „Schwierigkeiten machen“. Angewendet wird das dann z. B. so:

Не выёбывайся!
ni wyjobywajß’a
Jetzt bleib mal cool, Alter. /
Mach keinen Stress!

„Nutte“

Das „Mat“-Wort, das man wohl am häufigsten hört, ist блядь (bl’at’ *Nutte*) oder verkürzt бля (bl’a). Es wird aber kaum noch mit der ursprünglichen Bedeutung verwendet, sondern eher wie der deutsche Ausruf „Scheiße!“ Bei manchen Leuten hat man den Eindruck, dass sie das Wort immer dann sagen, wenn sie eine Denkpause einlegen.

Dieser Fluch lässt sich auf verschiedene Art und Weise entschärfen, wobei ersteres Beispiel noch recht grob ist. Das zweite Beispiel ist hingegen schon völlig entschärft:

Бляха-муха!	Блин!
bl’a~~ch~~a-mucha	blin
Gürtelschnalle-Fliege	*Eierkuchen*
Scheibenkleister!	Scheibenhonig!

„Schwanz“

Am häufigsten hört man das Wörtchen хуй (~~ch~~uj *Schwanz*) in ersterem nachfolgenden Ausdruck, einem sehr groben Fluch. Hat man ein dringendes Interesse daran, den Konflikt so richtig anzustacheln, antwortet man darauf mit der zweiten Variante:

Пошёл на хуй!
paschol na-~~ch~~uj
Geh zum Schwanz!
Verpiss dich!

Укуси за хуй!
ukußi sa-~~ch~~uj
Beiß in den Schwanz!

Ein ganz kleines bisschen abgemildert wird es, wenn man хуй durch хер (cher *Schwanz*) oder хрен (~~ch~~r'en *Meerrettich*) ersetzt. Noch weniger scharf sind folgende Varianten, wobei bei der zweiten die groben Wörter weggelassen werden:

Пошёл на фиг!
paschol na-fik
Geh zur Feige!
Hau ab, Mann!

Пошёл ты!
paschol ty
Geh los!
Hau ab!

Indirekt kann man „Mat“-Ausdrücke verwenden, indem man einfach die Anzahl der verwendeten Buchstaben nennt:

Я его послал на три буквы, и всё!
ja jiwo paßlal na tri bukwy, i fß'o
Ich schickte ihn zu drei Buchstaben, und alles!
Ich hab ihm einfach mal gesagt,
wo der Hammer hängt, und fertig!

Das Nennen der Buchstabenzahl statt des eigentlichen „Mat“-Ausdruckes ist ähnlich wie im Englischen, wo man von „four-letter-words“ spricht.

Das Wörtchen хуй ist nicht nur zum Schimpfen da, wobei die zweite Variante wieder durch Austausch des eigentlichen Wortes abgemildert wurde:

Мне всё по хуй!	Мне всё по фиг!
mn'e fß'o po-~~ch~~uj	mn'e fß'o po-fik
Mir alles vor Schwanz!	*Mir alles vor Feige!*
Mir ist alles scheißegal!	... piepsegal!

Ein paar der gebräuchlichsten Wendungen, in denen das Wort „Schwanz“ vorkommt, oder die davon abgeleitet sind:

хуйня	~~ch~~ujn'a	Blödsinn / Schwachsinn
херня	chirn'a	Blödsinn / Schwachsinn
хуёвый	~~ch~~ujowyj	kackenschlecht
хреновый	~~ch~~rinowyj	kackenschlecht
охуеть	a~~ch~~ujet'	verrückt werden bzw. frech werden

Такие цены закатили ... просто охуели!
takiji tsäny sakatili ... proßta a~~ch~~ujeli!
Die haben die Preise so sehr in die Höhe getrieben ... die sind einfach schweinefrech geworden!

Für die Frage „Warum?“ oder „Wozu?“ hat man im Sinne von „Warum zum Kuckuck?!“ oder „Warum zum Henker?! usw. im Russischen folgende Möglichkeiten: на хуя ● (na-~~ch~~uja *auf den Schwanz*), на фига (na-figa *auf die Feige*), на фиг (na-fik *auf die Feige*), какого хуя ● (kakowa ~~ch~~uja *welchen Schwanzes*), какого хера (kakowa chera *welchen Pimmels*) oder какого чёрта (kakowa tsch'orta *welchen Teufels*). Will man sagen, dass es von irgendetwas einfach „nicht die verfickte Bohne“ gibt, sagt man ни хуя ● (ni-chuja *keinen Schwanz*), ни хрена (ni-~~ch~~rina *keinen Meerrettich*) oder ни фига (ni-figa *keine Feige*). Für ein „super viel“ sagt man до хуя ● (da-~~ch~~uja *bis zum Schwanz*), до хрена (da-~~ch~~rina *bis zum Meerrettich*) oder до фига (da-figa *bis zur Feige*). Das folgende Wortspiel mit diesen Varianten ist schon zur Legende geworden:

Полюбила парня я,
Оказался без хуя
Так на хуя мне без хуя,
Когда с хуем до хуя?!

Das liest sich übersetzt dann so: „Ich habe mich in einen Jungen verliebt. Wie sich herausstellte, hat er keinen Schwanz. Ja, „warum“ (*auf den Schwanz*) brauch ich einen ohne Schwanz, wo es doch „ohne Ende“ (*bis zum Schwanz*) welche mit Schwanz gibt?“

Es gibt auch schöne Kommentare mit не фиг (n'e-fik *nicht Feige*), was so viel bedeutet wie „nicht“ oder „nicht nötig“:

Не фиг было вчера так долго сидеть в инете!
n'e-fik byla ftsch'ira tak dolga ßid'et' w-inäti
Nicht Feige war gestern so lange sitzen im Internet!
Ja verdammt, du hättest gestern nicht so lange im Internet surfen sollen!

„Fotze"

Von пизда (pisda *Fotze*) abgeleitet hört man sehr häufig den Ausruf Пиздец! (pisd'ez *Fotzerei*). Je nach Kontext kann dieser Ausdruck „Scheiße!", „Verflucht", „Das ist das Ende!", „Das ist die allerletzte Oberkacke!" oder auch „Super!", „Cool!", „Abgefahren!" usw. bedeuten.

Это просто пиздец!
äta proßta pisd'ez
Das ist einfach eine riesengroße Scheiße!

Во, какие штаны – пиздец!
wo, kakiji schtany – pisd'ez
Wow, was für eine Hose! Scheiße, ist die cool!

Нам пришёл пиздец!
nam prischol pisd'ez
Uns kam (die) Fotzerei!
Wir sind völlig am Ende!

пиздатый	pisdatyj	super
пиздеть	pisd'et'	schwatzen, labern
спиздить	ßpisdit'	klauen
спиздануть	ßpisdanut'	klauen

„fünfstöckige“ Mutterflüche

„Mat“-Ausdrücke können eine unheimliche emotionale Sprengkraft haben. Nicht-Muttersprachler sind selten wirklich in der Lage, die Wirkung dieser Schimpfwörter abzuschätzen. Deshalb sollte man auf jeden Fall auf die Nutzung von „Mat“-Ausdrücken verzichten!

Die so genannten drei-, fünf- oder vielstöckigen Mutterflüche (трёхэтажный / пятиэтажный / многоэтажный мат tr'oehätashnyj / pitiätashnyj / mnagaätashnyj mat) oder auch мат-перемат (mat-p'erimat *Mat-über-Mat*) vervielfachen die Wirkung der einzelnen „Mat“-Bestandteile und sind noch stärker als die einzelnen „Mat“-Komponenten allein. Hier nur ein paar kleine Kostproben, deren Übersetzungen jedoch nur sehr ungenau die eigentliche, sehr, sehr krasse Bedeutung wiedergeben:

Ёб вашу через дорогу раком мать!
jop waschu tsch'eriß darogu rakam mat'
Ficken Sie Ihre Mutter in den Arsch,
die Straße rauf und runter!

Пошёл на хуй в пизду на переделку,
недоёбыш сраный!
paschol na-ehuj f-pisdu na-pirid'elku, nidajobysch ßranyj
Geh doch zum Schwanz und in die Fotze
und lass dich umbauen, du beschissener
Nichtzuendeficker!

Пиздюк, ёбаный по голове!
Что ебальник разинул, мудозвон!
pisd'uk, jobanyj pa-galaw'e!
schto jibal'nik rasinul, mudaswon
Du in den Kopf gefickter Fotzenkerl!
Was reißt du dein Maul auf, du verfickte
Labertasche!?

Ебёна вошь, пиздорванка хуева!
jib'ona wosch, pisdarwanka ~~ch~~ujiwa
Du gefickte Laus, du stinkende Fotzentussi!

Мать твою уёб, через семь
ворот с блядским присвистом!
mat' twaju ujop, tsch'eriß ß'em'
warot ß-bl'atßkim prißwißtam
Fick doch deine Mutter durch sieben Tore hindurch, und lass dazu die Nutten ein Liedchen pfeifen!

Das Liebesleben

Symbolisch für die prüde, lustfeindliche Atmosphäre in der Sowjetunion ist ein legendär gewordenes Zitat aus einer Fernsehsendung Ende der 1980er Jahre:

У нас, в Советском Союзе, секса нет!
u-naß, f-ßaw'etßkam ßajusi, ßäkßa n'et
Bei uns in der Sowjetunion gibt es keinen Sex!

Dies hat sich gründlich geändert. Täglich gibt es TV-Sendungen, in denen es „darum" (про это pra-äta) geht. Vorbei sind die Zeiten, als man wegen Tragens einer kurzen Hose im Stadtzentrum von der Miliz einkassiert werden konnte. An jedem Zeitungskiosk kann man jetzt Heftchen mit frivolen Bildchen erstehen – diese Bildchen werden клубничка klubnitsch'ka (*Erdbeerchen*) genannt. Auch Pornos (порно porna oder порнуха parnu~~ch~~a) haben längst in Russland Einzug gehalten. Überall dort, wo Männer mit Geld auftauchen, bieten auch Prostituierte ihre Dienste an.

vom Flirten zum Abschleppen

заигрывать saigrywat'	mit jmd. anbändeln
клеить kl'eit'	jmd. angraben (*kleben*)
глазки строить glaßki ßtroit'	jmd. schöne Augen machen (*Äuglein bauen*)
понравиться panrawitßa	an jmd. gefallen finden
втюриться ft'uritßa	sich verknallen
втрескаться ftr'eßkatßa	sich verschießen (*sich verkrachen*)
влюбиться по уши wl'ubitßa po-uschy	sich bis über beide Ohren verlieben
сохнуть по нему / ней ßo~~ch~~nut' pa-nimu / ßo~~ch~~nut' pa-n'ej	nach ihm / ihr schmachten (*austrocknen nach ihm / ihr*)
снимать ßnimat'	jmd. anbaggern (*hochnehmen [unvollendet]*)
снять ßn'at'	jmd. abschleppen (*hochnehmen [vollendet]*)
роман raman	Affäre (*Roman*)
отшить atschyt'	jmd. loswerden (*wegnähen*)

Manche Männer wollen mit den Frauen nur ein bisschen „rummatrosen" und lassen sie dann wieder fallen: поматросить и бросить (pamatroßit' i broßit').

Она отбила у неё парня!
ana atbila u-nijo parn'a
Sie hat bei ihr den Jungen weggeschlagen!
Sie hat ihr den Freund ausgespannt!

Ärgerlich ist, wenn die Ehefrau anfängt, fremd zu gehen (она загуляла ana sagul'ala *sie hat angefangen, spazieren zu gehen*) oder der Ehemann einen Seitensprung hat (он пошёл на лево on paschol na-l'ewa *er ist nach links gegangen*).

Verliebte unter sich

Auf Russisch spricht man von моя (любимая) девушка (maja (l'ubimaja) d'ewuschka *mein (liebstes) Mädchen*), wenn man „meine Freundin" meint, bzw. мой парень (moj parin' *mein Junge*), wenn man „mein Freund" sagen will. Manchmal hört man auch das englische бойфренд (bojfränt boyfriend). Wenn beide schon etwas erwachsener sind, hört man vielleicht мой мужчина (moj muschsch'ina *mein Mann*) bzw. моя женщина (maja shänschsch'ina *meine Frau*). Die Annäherung fängt zaghaft an mit:

Ты мне нравишься!
ty mn'e nrawischß'a
Du gefällst mir!

Erst wenn die Gefühle für einander ganz stark sind, sagt man:

Я люблю тебя!
ja l'ubl'u tib'a
Ich liebe dich!

Die Liebenden sagen einander jede Menge netter Dinge:

дорогая / дорогой daragaja / daragoj	meine Teure / mein Teurer
любимая / любимый l'ubimaja / l'ubimyj	Liebste / Liebster
милая / милый milaja / milyj	meine Liebe / mein Lieber

Die letzten beiden sagt nur er zu ihr:

солнышко	ßolnyschka	kleine Sonne
радость моя	radaßt' maja	meine Freude
золотце	solazy	Goldstück
зайка моя(W)	sajka maja	mein Häschen
детка моя(W)	d'etka maja	mein Kindchen

Findet man eine Frau hübsch, kann man natürlich sagen, dass sie schön ist (она красивая ana kraßiwaja). Aber eher sagt man dann, dass sie sympathisch ist (она симпатичная ana ßimpatitsch'naja). Eine super sexy Frau bezeichnet man als сексапилка (ßäksapilka) oder сексапильная (ßäksapil'naja *eine mit Sex-Appeal*).

Findet man eine Frau nicht so schön (она некрасивая ana nikraßiwaja), dann macht man das ganz deutlich und sagt, sie sähe „schrecklich" aus (она страшная ana ßtraschnaja *sie ist schrecklich*).

Weitere Kommentare für Frauen sind:

крокодил	krakadil	Eule (*Krokodil*)
баба	baba	Weib
бабёнка	bab'onka	Weibchen
баба-огонь	baba-agon'	feurige Frau (*Weib-Feuer*)
баба-гром	baba-grom	große, kräftige, energische Frau (*Weib-Donner*)
герла	g'erla	Girl
тёлка	t'olka	Tusse (*Jungkuh*)
кобыла	kabyla	dicke Kuh (*Stute*)
бикса	bikßa	Tusse / Schlampe

Für die „Jungfrau" (девственница d'efßtwinniza) gibt es noch die vulgären Ausdrücke целка (zälka *Unberührte*) und целина (zylina *Neuland*).

Wenn man auf Deutsch über Männer als Lover und Macker spricht, sagt man im Russischen перец (p'eriz *Pfeffer*), хахаль (~~ch~~a~~ch~~al' *Macker*) oder sehr vulgär ёбарь (jobar' *Ficker*). Ein Frauenheld ist ein бабник (babnik *Weiberheld*), ein сердцеед (ßirzyjet *Herzfresser*), ein ловелас (lawilaß *Schürzenjäger*) oder ein клей (kl'ej *Aufreißer, wörtl.: Kleber*).

Körperteile

башка	baschka	Rübe, Birne, Schädel
харя	~~ch~~ar'a	Visage
рожа	rosha	Fresse
пасть	paßt'	Fresse
паяло	pajala	Fresse
рыло	ryla	Schnauze

Für die weibliche Brust (грудь grut') gibt es буфера (bufira *Stoßdämpfer*), батоны (batony *Weißbrote*) oder титька (tit'ka), цицка (zyzka) und сиська (ßiß'ka), die alle drei „Titte“ bedeuten.

Der Hodensack heißt neutral мошонка (maschonka *Säckchen*) und die Hoden яички (jiitsch'ki *Eierchen*). Etwas gröber ist die Bezeichnung яйца (jajza *Eier*); manchmal werden so auch die vollständigen Genitalien des Mannes bezeichnet. Ganz vulgär sind die Wörter мудьё (mud'jo *Klöten*) oder мудё (mud'o *Klöten*).

Allerhand Varianten für den Penis:

пенис	p'eniß	Penis
член	tsch'l'en	Glied
конец	kan'ez	(*Ende*)
палка	palka	(*Stock*)
балда	balda	(*großer Hammer*)
висюльки	wiß'ul'ki	(*Anhängsel*)
болт	bolt	(*Bolzen*)
банан	banan	(*Banane*)
морковка	markofka	(*Möhrchen*)
хрен	~~ch~~r'en	(*Meerrettich*)
хер	cher	Schwanz / Rute
хуй	~~ch~~uj	Schwanz / Rute
шняга	schn'aga	Schwanz / Rute

Die Eichel ist залупа (salupa *Schale*). Der kindliche Pillermann ist auf Russisch ein „Hähnlein“ (петушок pituschok). Auch folgende Wörter für den Penis und die Vagina entstammen der Kindersprache, man könnte sie als „Pisserchen“ übersetzen: писька (piß'ka), пиписька (pipiß'ka), ссака (ßßaka) und сика (ßika).

Die Vagina heißt medizinisch вагина (wagina). Außerdem gibt es noch das Wort Scheide (влагалище wlagalischsch'i). Nichtmedizinisch heißt sie щель (schsch'el' *Ritze*), щёлка (schsch'olka *Spalte*), лохматка (la~~ch~~matka *die Lockige*), мохнатка (ma~~ch~~natka *die Pelzige*), чёрный треугольник (tsch'ornyj triugol'nik *schwarzes Dreieck*), междуножное пирожное (mishdunoshnaji piroshnaji *Zwischenbein-Törtchen*). Sehr obszön sind die Wörter пизда (pisda *Fotze*), пёздочка (p'osdatsch'ka *Fötzchen*), минжа (minsha *Möse*), манда (manda *Möse*) oder муфта (mufta *Muffe*). Über diesen Bereich zu sprechen ist so peinlich, dass viele Frauen – wenn es unbedingt sein muss – das Ganze lieber ihren „Arsch" nennen (жопа shopa). Für die Klitoris (клитор klitar) gibt es noch das Slang-Wort сикель (ßikel', kommt vielleicht von сикать ßikat' *pissen*).

Für den Po (попа popa) gibt es die Ausdrücke мягкое место (m'achkaji m'eßta *weicher Fleck*), ягодицы (jagadizy *Beerchen*), зад (sat *Hintern*), задница (sadniza *Hinterteil*) oder срака (ßraka *das, womit man scheißt*). Das Arschloch heißt дупло (duplo *Astloch*).

Sex

Jetzt aber ohne große Umschweife zur Sache. Zunächst beginnt es mit Küssen (поцелуй pazyluj) und Umarmungen. Vielleicht entsteht ein Knutschfleck (засос saßoß). Dann kriegt der Mann einen Ständer (у него стоит u-niwo ßtait *bei ihm steht er*).

Ausdrücke für den Geschlechtsakt:

занима́ться любо́вью sanimatßa l'ubow'ju	Liebe machen (*sich mit Liebe beschäftigen*)
заниматься сексом sanimatßa ßäkßam	Sex haben (*sich mit Sex beschäftigen*)
переспать pirißpat'	miteinander schlafen (*überschlafen*)
лечь в постель l'etsch' f-paßt'el'	ins Bett gehen (*sich ins Bett legen*)

Die Wörter „geben" (дать dat') und „haben" (иметь im'et' bzw. поиметь paim'et') können eine anzügliche Nebenbedeutung annehmen:

Она ему дала.
ana jimu dala
Sie hat es ihm gegeben.

Эту красавицу он ещё не поимел.
ätu kraßawizu on jischsch'o n'e paim'el
Diese Schönheit (hat) er noch nicht gehabt!
Diese Schönheit hat er noch nicht geschafft, ins Bett zu schleifen.

Vulgär sind folgende Ausdrücke:

пихать	piehat'	stoßen
перепихнуться	piripiehnutßa	stoßen
трахаться	traehatßa	bumsen
ебаться	jibatßa	ficken
ёбля	jobl'a	Fick / Fickerei
трах	traeh	Fick / Fickerei

минет	min'et	Oralsex
раком	rakam	von hinten (*in Krebsstellung*)
оргазм	argasm	Orgasmus
кончить / кончать	kontsch'it' / kantsch'at'	gekommen sein (*beenden*)
онанист	ananißt	Onanist
дрочун	dratsch'un	Wichser
дрочить	dratsch'it'	wichsen

Weil кончить *bzw.* кончать *auch „einen Orgasmus haben" bedeuten kann, ist es besser, für „beenden" die Verben* заканчивать (sakantsch'iwat') *bzw.* закончить (sakontsch'it') *zu verwenden, denn diese haben keine anzügliche Nebenbedeutung.*

Die Tätigkeit des Wichsens wird auch amüsant umschrieben mit заниматься суходрочкой (sanimatßa ßuchadrotsch'kaj *sich mit Trockenwichsen beschäftigen*) oder заниматься онанизмом (sanimatßa ananismam *sich mit Onanie beschäftigen*).

Wer kein Präservativ (презерватив prisirwatif), Präser (презик pr'esik), Gummi (резинка risinka) oder ein Kondom (гандон gandon, im Russischen ist das Vulgärsprache!) benutzt, läuft Gefahr, sich mit AIDS (СПИД ßpit) oder Geschlechtskrankheiten (венерические заболевания winiritsch'ißkiji sabaliwanija *Venus-Krankheiten*) wie Tripper (парижский насморк parischßkij naßmark *Pariser Schnupfen*) zu infizieren. Bei einem allzu wilden Sexleben kann man sich auch leicht Filzläuse oder Sackratten (мандовошки mandawoschki *Mösenläuse*) einfangen.

Es gibt auch Leute, die notgeil sind (сексуально озабоченный ßäksual'na asabotsch'innyj *sexuell besorgt*) oder gar andere sexuell belästigen (маньяк man'jak *Triebtäter / Wahnsinniger*).

Sex für Geld gibt es im Bordell (бордель bard'el'), im Freudenhaus (публичный дом publitsch'nyj dom *öffentliches Haus*) oder im Puff (бардак bardak). Sexarbeiterinnen heißen проститутка (praßtitutka *Prostituierte*) oder путана (putana, aus dem Italienischen), девушка лёгкого поведения (d'ewuschka l'ochkawa pawid'enija *leichtes Mädchen*), уличная фея (ulitsch'naja f'eja *Straßenfee*), ночная бабочка (natsch'naja babatsch'ka *Nachtfalter*), шлюха (schl'ueha *Herumtreiberin*) oder sehr vulgär блядь (bl'at' *Nutte*). „Auf den Strich gehen" heißt ходить на панель (ehadit' na pan'el' *auf das Paneel gehen*). Der Zuhälter wird сутенёр (ßutin'or) genannt.

Schwanger!

Jetzt ist es passiert: Die Regel (месячные m'eßitsch'nyji *die Monatlichen*) bleibt aus, das Kondom hatte vielleicht ein Loch (презик порвался pr'esik parwalß'a *der Präser ist gerissen*), oder die Pille (противозачаточная таблетка pratiwasatsch'atatsch'naja tabl'etka *Anti-Empfängnis-Tablette*) hat nicht gewirkt. Die Frau ist schwanger (беременная bir'eminnaja), oder „ihr ist da was Kleines zugeflogen" (она залетела ana salit'ela *sie ist hereingeflogen*).

In ein paar Monaten geht die Frau in den Schwangerschafts- und Babyurlaub (уйдти в декрет ujti w-dikr'et *in das Dekret gehen*). Bald wird es eine neue Erdenbürgerin oder einen neuen Erdenbürger geben, es sei denn, die Frau macht eine Abtreibung (аборт abort), was in Russland immer noch eine häufige „Verhütungsmethode" ist.

Gleichgeschlechtliches

Schwule und Lesben haben in Russland einen sehr schweren Stand. Sie haben immer noch mit sehr, sehr tiefsitzenden Vorurteilen und Anfeindungen zu kämpfen, teils müssen sie auch gewalttätige Angriffe erleiden. In den großen Städten war zwischenzeitlich eine gewisse Szene entstanden. Selbstbewusste Schwule sprechen von sich nach englischem Vorbild als гей (g'ej *„gay"*), die Lesben als лесбианка (lisbianka *Lesbe*).

Die alten, volkstümlichen Bezeichnungen sind abwertend: Danach sind Lesben die Rosafarbenen (розовые rosawyji), und Schwule die Hellblauen (голубые galubyji). Auch folgende Bezeichnungen für Schwule sind beleidigend:

гомосек / гомик	gamaß'ek / gomik	Homo
педераст / пидор	pidiraßt / pidar	Päderast

2013 ist das international scharf kritisierte Gesetz gegen die „Propaganda von nicht-traditionellen sexuellen Beziehungen" eingeführt worden. Dies hat noch einmal zu einer drastischen Verschärfung der rechtlichen und gesellschaftlichen Situation geführt.

Die liebe Familie

Früher oder später führt die Anbändelei, das Flirten und der Sex auch in Russland dazu, dass eine neue Familie entsteht. Traditionell kündigt sich das dadurch an, dass der жених (shynich *Bräutigam*) der невеста (niw'eßta *Braut*) einen Antrag (предложение pridlashäniji *Vorschlag*) macht. Beim Standesamt (ЗАГС sakß) hingegen findet der offizielle Teil statt.

Viele Paare sind in Russland für deutsche Verhältnisse noch blutjung – besonders auf dem Lande gilt z. B. eine unverheiratete 25-Jährige schon als alte Jungfer. Andererseits hat Russland hat eine der höchsten Scheidungsquoten der Welt.

Die standesamtliche Trauung wird umgangssprachlich kurz und unromantisch расписка (raßpißka *Unterschrift, Quittung*) genannt. Seit Ende der 1980er Jahre lassen sich mehr und mehr auch kirchlich trauen (венчание wintsch'aniji *Bekränzung*).

Das Motto vieler Kinderfeste:

Мама, папа, я – дружная семья!
mama, papa, ja – drushnaja ßim'ja
Mama, Papa und ich sind eine Familie,
die zusammenhält!

Der Tradition nach gilt der Vater als Familienoberhaupt. Die Realität beschreibt aber folgender ironischer Ausspruch:

Отец глава семьи – а мама шея.
at'ez glawa ßim'ji – a mama schäja
Vater ist der Kopf der Familie,
aber Mama ist der Hals.

Das heißt, die wichtigste Person ist die Mutter (мать mat'). Denn wohin sich der Hals dreht, guckt auch der Kopf. Die Mutter trifft die wichtigen Entscheidungen und verwaltet z. B. das Geld. Manchmal hält die Frau den Mann unter dem Pantoffel, oder auf Russisch „unter dem Schuhabsatz“ (под каблуком pat-kablukom).

Da es viel zu grob ist, für so eine vielbeschäftigte, liebevolle Mutter das Wort мать zu benutzen – zumal es eine zweifelhafte Nebenbedeutung gibt (siehe Kapitel „Mutterflüche") –, sprechen nicht nur kleine Kinder von der Mutter als Mama (мама mama). Wenn man es etwas zärtlicher haben will, dann gibt es außerdem: мамка (mamka), мамочка (mamatsch'ka), маманя (maman'a) oder мамуня (mamun'a).

Der Vater (отец at'ez) ist eine wichtige Autorität; der Bezeichnung отец haftet nichts Grobes oder Anrüchiges an. Emotional wärmer ist jedoch die Bezeichnung папа (papa *Papa*) bzw. seine Koseformen папка (papka) oder папочка (papatsch'ka).

Möchte man schalkhaft über seine Mom oder seinen Dad sprechen, gibt es мамаша (mamascha), мамик (mamik), маман (maman) bzw. папаша (papascha) oder папик (papik).

Jugendliche, die darauf bedacht sind, sich von ihren „Erzeugern" abzugrenzen, verwenden den Ausdruck предки (pr'etki *Vorfahren*). Auch populär sind die von dem Wort родители (raditili *Eltern*) abgeleiteten Bezeichnungen: родаки (radaki), seine Koseform родачки (radatsch'ki) sowie родики (rodiki) oder родичи (roditsch'i) – alle übersetzbar mit „meine Alten" oder „meine alten Herrschaften".

Jetzt zu den lieben Kleinen, erst einmal ist es einfach ein ребёнок (rib'onak *Kind*). Aufgepasst: Die Mehrzahlform ребята (rib'ata) ist sowohl eine Anredeform für Kinder, als auch für Erwachsene, etwa wie das deutsche „Kumpels". Normalerweise sind Kinder in der Mehrzahl дети (d'eti), was von dem mittlerweile veralteten, aber regional und ironisch noch gebrauchten Wort дитя (dit'a *Kind*) abstammt. Koseformen für Kinder sind: детишки (ditischki), детки (d'etki) und деточки (d'etatsch'ki *Kinderchen*). Ebenfalls veraltet, aber noch ironisch (oder poetisch) in Gebrauch ist чадо (tsch'ada *Kindlein*).

Bezeichnungen für liebe, kleine Kinder sind: малютка (mal'utka), малыш (malysch) oder малышка (malyschka *Kleines*), карапузик (karapusik *Knirps*), кроха (krocha *Krümel*) oder крошка (kroschka *Krümelchen*). Ganz zärtlich sind die Anreden: зайка моя (sajka maja) bzw. зайчик мой (sajtsch'ik moj *mein Häschen*). Interessanterweise gibt es auf Russisch eigentlich kein Wort für „Baby" – außer dem medizinischen Begriff грудной ребёнок (grudnoj rib'onak *Säugling*) oder dem sehr poetischen младенец (mlad'eniz *Kleinkindelein*). Neuerdings hört man ab und an бэби (bäbi), бебс (b'epß) oder die originelle Wortschöpfung бэбёнок (bäb'onak). Für unerwarteten Nachwuchs muss manchmal scherzhaft der Name einer beliebten Schokoladensorte herhalten: киндер-сюрприз (kindir-ß'urpriß *Kinder-Überraschung*).

Wenn die Kleinen mal nicht ganz so lieb sind, sondern allerhand Unfug anstellen (проказничать prakasnitsch'at') und einfach nervig und böse sind (вредный wr'ednyj *schädlich*), vielleicht sogar den Eltern auf dem Kopf herumtanzen (дети сели на шею d'eti ß'eli na-schäju *die Kinder setzten sich auf den Hals*), dann nennt man sie шалун (schalun *Schelm*), озорник (asarnik

Frechdachs) oder проказник (prakasnik *Unfugtreiber*). So richtige Rotznasen heißen сопляк (ßapl'ak, von сопли ßopli *Nasenschnodder*) oder сморкач (ßmarkatsch', von сморкаться ßmarkatßa *sich schnäuzen*).

In Russland leben viele Familien auf engstem Raum, oftmals drei Generationen in einer kleinen Wohnung. Dies hat den Vorteil, dass die бабушка (babuschka *Großmutter*) der mit Beruf und Haushalt doppelt belasteten Mutter unter die Arme greifen kann. Kleine Kinder nennen die Oma kurz und liebevoll баба (baba). Der Großvater дедушка (d'eduschka) wird ebenfalls einfach kurz und liebevoll дед (d'et) genannt. Natürlich gehören u. a. auch noch die Tante (тётя t'ot'a) und der Onkel (дядя d'ad'a) zur Sippschaft (родня radn'a).

Aus dem Mund von einem Erwachsenen klingt баба *aber eher grob und entspricht mehr dem deutschen Wort „Weib“.*

Unterwegs in Russland

Interessant wird es, wenn es in die Provinz geht: in abgelegene Gebiete, wo keine richtigen Straßen hinführen, es keine Eisenbahnlinien gibt und nur ganz kurze Flugladebahnen. Dorthin fliegt man mit einem Flugzeug, dass nicht größer und stabiler zu sein scheint als ein Agrarflugzeug, einem кукурузник (kukurusnik, von кукуруза kukurusa *Mais*). Die jenseits der großen Strecken verkehrenden Züge, die Vorortzüge (пригородные поезда prigaradnyji pajisda), sind je nach Antriebsart ein электропоезд (äliktrapojißt *Elektrozug*) oder дизельный поезд (disil'nyj pojißt *Dieselzug*). In der Umgangssprache wird daraus kurz электричка (äliktritsch'ka) oder дизель (disil').

Hat man kein Geld und fährt schwarz, heißt das ездить зайцем (jesdit' sajzym *als Hase fahren*). Unter sowjetischen Hippies war die folgende Fortbewegungsmethode beliebt: Man steigt ohne Fahrschein in einen Vorortzug und fährt so lange mit, bis ein Kontrolleur kommt und man an der nächsten Station rausgeschmissen wird. Dann wartet man auf den folgenden Zug und macht das gleiche wieder von vorn ... Auch heute kann man hin und wieder Leute treffen, die so unterwegs sind. Das ganze dauert natürlich ungeheuer lange, und sonderlich bequem ist es auch nicht, daher hat diese Fortbewegungsmethode auch den Namen ездить на собаках (jesdit' na-ßabakach *auf Hunden fahren*).

Komfortabler ist es, per Autostopp zu fahren (ехать автостопом jeehat' aftaßtopam bzw. ехать на попутках jeehat' na-paputkaeh von по пути *den gleichen Weg entlang*). Man hebt dazu wie bei einer Abstimmung die flache Hand nach oben, deshalb wird das Trampen auch голосовать (galaßawat' *abstimmen*) genannt. Übrigens ist es nicht immer kostenlos, oft wird ein Beitrag zum Benzingeld erwartet.

Die Geste für das Anhalten von Taxis oder Sammeltaxis (ловить такси lawit' takßi *Taxi fangen*) ist die gleiche. Dabei sollte man der Sicherheit wegen nur in Taxis mit einer Lizenz und nicht bei einem Schwarztaxifahrer (бомбила bambila *Bomber*) einsteigen. Sammeltaxis (маршрутное такси marschrutnaji takßi *Marschroutentaxi*, kurz маршрутка marschrutka), sind oftmals die Rettung vor überfüllten Bussen und zu teuren Taxen. In den Städten fahren Kleinbusse zu moderaten Preisen eine feste Strecke entlang und können dabei an (fast) jeder Stelle angehalten werden.

Die „echten" Taxen erkennt man entweder an der entsprechenden Aufschrift oder an einem Karo-Streifen, dem russischen Taxi-Symbol.

Der Traum jedes Russen und jeder Russin ist, ein eigenes Auto zu besitzen und damit durch das Land zu kurven (рулить rulit' *lenken*). Da Neuwagen teuer sind, ist es seit Jahren ein einträgliches Geschäft, Importwagen (иномарки inamarki) aus dem Ausland einzuführen - oder, wie es im Slang heißt, „herbeizujagen" (пригнать prignat').

Seit einigen Jahren endet der Traum von der Mobilität in den großen russischen Städten immer öfter im Stau (пробка propka *Korken*).

Ganz offiziell heißt der fahrbare Untersatz автомобиль (aftamabil' *Automobil*), das umgangssprachliche Wort ist jedoch машина (maschyna *Maschine*). Richtiger Slang sind: тачка (tatsch'ka), тачанка (tatsch'anka) oder тачила (tatsch'ila) für „Karre“, драндулет (drandul'et *Klapperkiste*), жестянка (shyßt'anka *Blechbüchse*), мыльница (myl'niza *Seifendose*) oder пончик (pontsch'ik *Pfannkuchen*), die man alle mit „Klapperkiste“ übersetzen könnte.

Драндулет *ist wahrscheinlich abgeleitet von dem polnischen Wort* dryndula – *„alter Wagen“, der klappert:* dryn, dryn, dryn.

Mit „Ziegenbock“ (козёл kas'ol) meint man einerseits einen „heißen Ofen“, sprich ein Motorrad, andererseits einen besonders bei der Miliz verbreiteten Geländewagen des Herstellerwerkes УАЗ (uaß). Letzterer wird manchmal auch уазик (uasik) genannt. Der Lada, der in Russland Shiguli (жигули shyguli) heißt, wird zu жигуль (shygul') oder manchmal ganz liebevoll zu жигулёнок (shygul'onak *Shiguli-Kindchen*) verkürzt.

Am begehrtesten sind die folgenden Autos: Volkswagen (фокс / фольксваген fokß / falkßwagin), BMW (бумер bumir, von *„Boom“*, бэмбер bämbir, акула akula *Hai*, бомба bomba *Bombe* oder БМВ bä-ämwä) und Mercedes (мерс m'erß, мерсик m'erßik, мерсюк mirß'uk, кабан kaban *Eber* oder eben Мерседес mirßädäß). Dabei ist der Mercedes 600 (шестисотка schyßtißotka *Sechshunderter* bzw. лобастенький labaßtin'kij *Stirniger*) am begehrtesten.

Das Wort „Chauffeur“ (шофёр) wird im Fahrerslang nicht schaf'or, sondern ganz lässig schofir ausgesprochen. Er sitzt auch nicht am

Steuer (за рулём sa-rul'om), sondern „hinter dem Gebäckkringel" (за баранкой sa-barankaj). Für den Dieselkraftstoff (дизель disil') gibt es auch ein extra Slang-Wort: солярка (ßal'arka *Sonnenkraftstoff*). Das Schild „Einfahrt verboten" bei Einbahnstraßen heißt кирпич (kirpitsch' *Ziegelstein*), weil der Querstrich auf dem Schild so aussieht.

Folgende Fahrweise ist zwar riskant, aber trotzdem verbreitet, denn man spart Benzin: bei der Fahrt bergab wird der Motor abgestellt (ехать на нулёвке jechat' na-nul'ofki *auf der Null fahren*). Im Gegensatz dazu können Raser (лихачи lichatsch'i) nichts anderes als schnell herumdüsen (шпарить schparit' *brühen*).

Eine ruhigere Art, Russland kennen zu lernen, ist auf eine größere Wanderung zu gehen (в поход f-pachot *auf den Feldzug*). Dabei ziehen die походники (pachodniki *Wanderer*) mit Zelt, Schlafsack, Karte, Kompass und Gitarre los und wandern mehrere Tage durch die Wildnis. Es kann ganz schön anstrengend sein, mit dem schweren Gepäck stundenlang durch den Wald zu stapfen (пилить pilit' *sägen*). Es gibt ein eigenes Liedgenre, in dem die Romantik dieser Wanderungen besungen wird: туристические песни (turißtitsch'ißkiji p'eßni *touristische Lieder*). Noch ein Verkehrsmittel sei hier genannt: das Radl (велик w'elik).

Auf welche Weise man auch unterwegs sein mag, eine Reise durch Russland ist immer eine spannende Sache. Also: Счастливого пути! (schsch'ißliwawa puti *Gute Reise*)!

Lesetipps

Will man noch tiefer in die russische Umgangssprache eintauchen, sind folgende Bücher und Internetseiten zum Weiterschmökern zu empfehlen:

Glaubt man den Literaturlisten wissenschaftlicher Artikel, gibt es inzwischen einige Russisch-Russische Slangwörterbücher. Das Problem ist, diese in den Buchläden zu finden. Hier sind nur die Wörterbücher genannt, die ich auch tatsächlich ergattern konnte.

- **Russisch-Deutsches Jargon-Wörterbuch, Harry Walter, Valerij Mokienko, Peter Lang, Frankfurt/M. 2001** – *umfangreiches Slangwörterbuch mit vielen Beispielen, allerdings ohne „Mat", nicht billig und vergriffen.*
- **Deutsch-Russisches Wörterbuch der Umgangssprache, W. D. Devkin, Jourist Verlag, Hamburg 1999** – *deutsche umgangssprachliche Wörter werden auf Russisch erklärt, manchmal findet sich in den Erklärungen auch russischer Slang, ohne Betonungsangaben.*
- Большой словарь молодёжного сленга, С. И. Левикова, Москва, Фаир-Пресс 2003 – *umfangreiches Russisch-russisches Jugendslangwörterbuch mit vielen Beispielen, ohne „Mat".*
- Молодёжный сленг, толковый словарь, Т. Г. Никитина, Москва, Астрель, АСТ 2004 – *etwas umfangreicher als das von* Левикова *(s. o.), ansonsten ähnlich, viele Beispiele, ohne „Mat".*
- Русский мат, толковый словарь, Татьяна Васильевна Ахметова, Москва, Колокол-Пресс 1997 – *Russisch-russisches „Mat"-Wörterbuch, mit vielen Beispielen, auch aus der Literatur, leider ohne Betonungsangaben.*

- **www.priapus.ru/l/foullanguage/v.htm** – *Russisch-russisches „Mat"-Wörterbuch, ohne Betonungsangaben.*
- **www.russki-mat.net** – *u. a. Slangwörterbücher Russisch-Deutsch, Deutsch-Russisch, ziemlich umfangreich.*
- **www.paco.net/~odessa-mag/slovar/** – *Russisch-russisches Wörterbuch des Jugendslangs, ohne Betonungsangaben, mit Beispielen.*
- *Als Fundgrube für Slang empfehle ich die Bücher von* **Irina Denežkina** (Ирина Денежкина).
- *Voll mit Slang sind auch die Bücher von* **Viktor Pelevin** (Виктор Пелевин). *Viele seiner Texte findet man unter* **http://pelevin.nov.ru**
- *Der ukrainische Schriftsteller* **Les Podervjanskyj** (Лесь Подерв'янський) *schreibt (und liest) in der ukrainisch-russischen Mischsprache Surshyk, gewürzt mit einer kräftigen Prise „Mat". Unter* **www.ultima.te.ua/hamletua** *findet man ein paar Hörproben und Texte.*
- *Das weißrussische Trash-Ulk-Paar* **Sascha & Sirosha** (Саша и Сирожа) *bedient sich kräftig in der Schatztruhe der weißrussisch-russischen Mischsprache Trasjanka. Hier die Homepage der beiden:* **www.sa-si.narod.ru**
- *Jede Menge Verbrecherslang findet sich in den vielen Krimi-Baller-Actionfilmen der letzten Jahre wie z. B.* Брат, Брат 2, Бумер *oder* Бумер 2.
- *Mein Lieblingsfilm ist und bleibt der bissig-böse Streifen* Случай з пацаном *der weißrussischen Satirezeitschrift* **Navinki** (Навінкі), *natürlich mit einer gehörigen Portion von russisch-weißrussischem Slang. Siehe auch:* **www.navinki.net**

In diesem Register sind fast alle russischen Ausdrücke aus diesem Büchlein alphabetisch aufgelistet. Zur schnelleren Suche hier noch einmal das russische Alphabet:

Аа Бб Вв Гг Дд Ее/Ёё Жж Зз Ии Йй Кк Лл Мм Нн Оо Пп Рр Сс Тт Уу Фф Хх Цц Чч Шш Щщ ъ ы ь Ээ Юю Яя

В

Е / Ё

Ж

Л

М

Н

О

Р

С

Т

У

Danksagung

An dieser Stelle möchte ich mich bedanken: bei Tania Novik für die geduldige Beantwortung meiner vielen, vielen Fragen; bei Mischa Demidov und Ralph Knauf für das kritische Lesen des Manuskripts; bei Sergej Novik, Andrei Jorin, Ina Klokova, Dima Klokov und Nina Munteanu dafür, dass sie so manchen Ausdruck für dieses Büchlein beigesteuert haben; bei Astrid Henn, Igor Osipov und Heike Johenning für die Bereitstellung der Fotos; bei meinen Eltern Erika und Ernst Knauf für ihre vielfältige Unterstützung überhaupt.

Der Autor

Holger Knauf (geb. 1973) hat noch während seiner Schulzeit in Erfurt das eher dröge DDR-Schulrussisch gelernt. 1995/96 studierte er in Minsk (Weißrussland) Slawistik. Im Minsker Studentenwohnheim lernte er auch seine ersten russischen (und weißrussischen) Slangausdrücke.

Sehr schnell musste er allerdings feststellen, dass es nicht nur cool ist, Slang zu sprechen, sondern dass man damit auch in ziemlich peinliche Situationen geraten kann. Das spornte ihn nur noch mehr an, weiter Slang zu sammeln.

Die Gelegenheit dazu hat er bei vielen Reisen und Arbeitsaufenthalten als Lehrer für Deutsch als Fremdsprache (MA) in Russland, der Ukraine und Weißrussland. Auch seine weißrussische Frau Tania Novik und seine russischsprachigen Freunde in Deutschland haben ihm zu so manchen neuen Einsichten in den Slang verholfen.

Holger Knauf ist ebenfalls Autor des Kauderwelsch-Bandes 145 „Weißrussisch – Wort für Wort".